I0601611

100 SPANISH SHORT STORIES

For Beginners and Intermediate Learners

Learn Spanish with Audio

Spanish Edition Foreign Language Book

Contents

Learning Spanish Through Short Stories

Reading culturally interesting and entertaining short stories to enhance your Spanish is an easy way to improve your Spanish language skills. This book contains a selection of 100 short stories for beginners with a wide range of genres, all prepared specifically for Spanish language learners. The aim of this book is to teach different Spanish vocabulary and phrases associated with short stories, and to improve your Spanish language skills in a short period of time.

Advance as You Read

Each of the first 80 short stories take about 2 minutes to read and average about 150 to 200 words. Important words and phrases relevant to each topic were carefully selected. The stories 80 to 100 are longer and slightly more advanced in terms of vocabulary. They are followed by multiple choice questions and answers. The stories 80 to 90 come with English parallel text, take about 3 to 4 minutes to read, and contain some of the vocabulary from the previous stories. The last 10 stories take about 4 to 5 minutes to read and consist of most of the previously mentioned vocabulary.

All stories are written by a Spanish linguist and native speaker from Spain to ensure you can learn from authentic material while fine-tuning your Spanish vocabulary and improving your comprehension.

The content is intended mainly for elementary to intermediate level learners, but it will also be useful for more advanced learners as a way of practicing their reading skills and comprehension of the Spanish language. The stories have been arranged according to their degree of difficulty and each story is accompanied by a key vocabulary section and story related questions.

Using this Book Effectively

For the absolute language beginner, it's probably more beneficial if you listen to the stories first, and then reading the text aloud. Then review the key-vocabulary section and reread the story once more or until you get a grasp of the story.

Vocabulary will be introduced to you at a reasonable pace, so you're not overwhelmed with difficult words all at once. Here, you won't have to look up every other word, but you can simply enjoy the story and absorb new words simply from the story's context. To learn Spanish effectively you just read each Spanish story at a time and study the vocabulary after reading. The Spanish contained here are written using easy-to-understand grammar and vocabulary that both, those at the beginner and intermediate levels can understand, appreciate, and learn from. Some stories are focused on dialogue. These stories contain loads of natural dialogue, so you can learn conversational Spanish as you read. This is doubly beneficial as you will improve your speaking ability as well. Over time, you will build an intuitive understanding of how Spanish functions. This differs from a more theoretical understanding put together via learning rules and conceptual examples. It's more important to reach to finish the story without stopping, then to understand each and every word. The simple truth is that you won't get everything your first time around. This is completely normal.

Free Audiobook in MP3 Format

At the end of this book, after the last story, you can find the download link for the audio file. We have selected 10 of the more extensive stories that you find in the book.

1. Conocimientos de español

Una pareja de **pensionistas** alemanes Fritz y Eva están pensando **alquilar un apartamento** en España. Les gustaría quedarse todo **el verano** en España. Es un poco arriesgado para ambos **porque** no hablan español.

Para Fritz lo más importante es que el apartamento sea **tranquilo,** ya que no **quiere** que le molesten. Los dos pensionistas son modernos y consiguen alquilar un apartamento en Mallorca por internet. Cuando finalmente **llegan** a España, encuentran su apartamento en una zona residencial, en la que tan solo vive gente española y no hay turistas a la vista. Hay por todas partes niños jugando y gritando y desde la ventana abierta del vecino retumba música. Los dos pensionistas están totalmente **cansado**. Se dan cuenta de que tienen un problema porque **no hablan español**.

«¿Qué hacemos ahora?», pregunta Eva a su marido.

«Ahora es la hora del descanso. Estoy muy cansad del **viaje** y tengo que dormir **un par de horas**».

«Con este alboroto es imposible».

«Ya lo he pensado», dice Fritz. «Se me ha ocurrid una palabra española para **descansar** ahora. Voy a decírsela inmediatamente a los niños».

«**Suerte,** a mi también se me han ocurrido palabra en español».

Fritz se acerca a los niños y cuando vuelve dice que ya está todo arreglado. Tras diez minutos **golpean** la puerta y las ventanas. Cuando Fritz **abre** están los niños con los padres delante de la puerta. Todos gritan, cantan y están contentos. Lo niños incluso se han traído un equipo de música.

«¿Fritz, qué pasa? ¿Qué has dicho a los niños?»

«Les he dicho que es la hora del descanso»

«¿Eso no se dice en español **siesta**?»

Fritz se encoge los hombros. «He dicho **fiesta**».

Preguntas

¿Qué es lo más importante para Fritz?

¿Cuál es el problema de los pensionistas?

¿Qué palabras confunden los pensionistas?

Vocabulario

Conocimientos de español: Spanish knowledge I **alquilar un apartamento**: to rent an apartment I **el verano:** summer I **porque**: because I **tranquilo**: quiet I **querer:** to want I llegar: to arrive **I ellos no hablan español**: they don't speak Spanish I **el viaje**: the trip I **un par de horas:** a couple of hours I **descansar:** to rest I **suerte:** luck I **golpear:** to knock/hit I **abrir**: to open I **siesta:** nap (a time to rest) I **fiesta:** party

2. Diálogo – Nuestra gata ha desaparecido

Una mañana encontramos **un pájaro muerto** delante de la puerta. Le dije a mi madre: «Esto lo ha hecho nuestra **gata** Mika». Mi madre respondió: «Es natural».

«Pero **es peligroso**», dije.

«¿Por qué?»

«El pájaro muerto **tiene bacterias** y Mika las va a meter a casa».

«**Tienes razón**».Respondió mi madre **consternada.**

Mi madre tenía que tomar **una decisión**.

Mi madre metió la gata en casa.

Desde entonces no he vuelto a ver **nunca más** a Mika.

Preguntas

¿Qué tiene el pájaro muerto?

¿Qué respondió la madre consternada?

¿Qué hace la madre con la gata?

Vocabulario

Una mañana: one morning I **un pájaro muerto**: a dead bird I **gata**: cat I **es peligroso**: it's dangerous I **tiene bacterias**: it carries bacteria **tienes razón:** you are right I **consternada**: dismayed **I una decisión**: a decisión I **desde entonces**: since then I **nunca más:** never again

3. La chica vegana

Isabel tiene **sobrepeso** y sabe que tiene que ponerse a dieta. **Por eso** lee muchos **libros** sobre diferentes dietas y **recetas** saludables, aunque muchas de ellas **emplean** la carne como ingrediente. Una amiga le dijo que **lo mejor** sería empezar a seguir una dieta **sin carne.** Cuando Isabel tiene tiempo **intenta cocinar** las nuevas recetas de la dieta pero requieren tiempo y su cocina es muy pequeña. Por eso, Isabel frecuenta restaurantes vegetarianos.

Después de un tiempo Isabel se ha convertido en un cliente asiduo de un exclusivo restaurante vegetariano. Allí solo se sirve comida vegana y **su plato preferido** es la sopa de verduras.

Un día le preguntó al cocinero que por qué la sopa estaba tan buena. Él le respondió que el secreto de su receta era cocinarla siempre con **caldo de pollo**

Preguntas

¿Qué sabe Isabel?

¿Por qué va a menudo a restaurantes vegetarianos?

¿Cuál es su plato preferido?

Vocabulario

la chica: the girl I **sobrepeso:** overweight I por **eso**: that's why I **libros:** books I **la receta:** recipe I **emplear**: to use I **lo mejor**: the best I **sin carne:** no/without meat **intendar cocinar** I try to cook I **después de un tiempo**: after a while I **su plato preferido**: her favorite food/dish I **caldo de pollo**: chicken stock

4. En la panadería

Mi trabajo empieza en un cuarto de **hora**. Estoy en el coche **de camino** y me he parado un momento en la panadería. Cuando abrí la puerta de la **panadería** había clientes esperando en la cola. Había cinco delante de mí. La gente compraba pan, pan negro, tostadas y un **jubilado** se compró un café **para llevar**. En cinco minutos tenía que estar en el trabajo. Delante de mí hay todavía un cliente. Por fin es mi turno.

De repente, llega un hombre mayor y se me presenta. **El vendedor** se ríe y habla con él amablemente. El vendedor le da un **pastel** al hombre. Me quejo: «Disculpe, pero yo **estoy en la cola primero**.» El hombre y el vendedor me ignoran. Cojo la tarta y se la **tiro** a la cara del vendedor. El vendedor **se cae al suelo**. Todos los clientes están en shock. «¿Alguien más quiere tarta?», pregunto. Los clientes se van corriendo de la tienda. Yo me quedo solo allí y cojo el pan.

Preguntas

¿Dónde me paro un momento?

¿Qué compra el jubilado?

¿Qué le da el vendedor al hombre mayor?

Vocabulario

la panadería: bakery I la **hora:** hour I **de camino**: on the way I **panadería:** bakery
jubilado: pensioner/retiree I **para llevar**: take away/to go I **el vendedor**: salesperson I **un pastel** I cake I **estoy en la cola primero:** I am first in line I **se cae al suelo**: falls to the ground

5. Sin accidentes

Ayer cumplí setenta años. Desde hace más de veinte años he conducido **sin tener ningún accidente**. Siempre he conducido mucho y me he ido de viaje con el coche **por todas partes**. Sin coche no puedo **vivir.** También hago **rutas cortas** con mi coche. Nunca he tenido un accidente porque siempre conduzco muy **despacio**. Esta mañana la policía me hizo un control. Fue un **control de tráfico** normal y toda la calle estuvo cortada. Después del control tuve que bajarme. El policía dijo que no podía conducir más porque nunca he tenido el **carnet de conducir**.

Preguntas

¿Cuántos años ha conducido sin tener accidentes?

¿Por qué no ha tenido nunca un accidente?

¿Qué tenía que hacer el hombre después del control?

Vocabulario

ayer: yesterday I **sin tener ningún accidente:** without ever having an accident I **por todas partes:** everywhere I **vivir:** to live I **rutas cortas:** short trips I **despacio:** slow(ly) I **control de trafico:** traffic control I **carnet de conducir:** driver's license

6. El conductor de taxi

Sergio Lopez trabaja de taxista. El señor Lopez es un hombre **trabajador**. Trabaja diariamente hasta doce horas al día. Solo se coge libre los domingos. **Aunque** su trabajo es muy agotador, su trabajo nunca es **monótono** y conoce a mucha gente nueva. Además, el señor Lopez **conduce** un Mercedes, del cual está muy **orgulloso**.

El señor Lopez conduce por muchas rutas diferentes. A menudo tiene que ir hasta la estación de trenes y esperar allí a los **clientes**. Desde la estación van muchos hasta el aeropuerto. Por las mañanas lleva **a menudo** gente al hospital y por la tardes suele llevar clientes al hotel.

En el futuro al señor Lopez le gustaría hacer otra cosa. Tiene algunas ideas. Tuvo una idea **particularmente** buena **después** de haber visto película ''Taxi Driver'' con Robert de Niro.

Preguntas

¿De qué trabaja Sergio Lopez?

¿Cuándo se toma libre el señor Lopez?

¿Adónde suele llevar el señor Lopez por las mañanas a sus clientes?

Vocabulario

trabajador: worker **I** **aunque:** although **I** **monótono:** boring **I** **orgulloso:** proud **I** **conducir:** to drive **I** **clientes:** clients/customers **I** **a menudo:** often **I** **después:** after

7. La solicitud

El mes pasado me quedé **en el paro**. Discutí con mi jefe. Después me fui a casa. El **instituto de empleo** dice que puedo trabajar de muchas cosas. Soy trabajador, **honrado** y puntual. Todos los días envío **solicitudes de empleo** a **empresas.** Mis documentos de solicitud de empleo constan de certificados y un currículum. La mayoría de las empresas o no me responden o me rechazan. Ayer recibí una **carta**. ¡Es una invitación a una **entrevista de trabajo**! La empresa creo que es conocida y conozco su dirección. Mi antiguo jefe quiere que vuelva a trabajar para él.

Preguntas

¿Qué dijo el instituto de empleo?

¿Cuáles son mis documentos de solicitud de empleo?

¿Qué quiere mi antiguo jefe?

Vocabulario

el mes pasado: last month I **en el paro:** unemployed I **instituto de empleo:** employment office I **honrado**: honest I **solicitudes de empleo**: application for employment I **la empresa**: business I **la carta:** card/letter I **entrevista de trabajo**: job interview

8. Ganar la lotería

Mi padre y yo hemos escuchado que mi tío ha ganado **la lotería**. El juego se llama *el gordo*. Es decir, mi tío ha **acertado seis números** que había apostado. Creemos que nuestro tío ahora es millonario. Mi padre me ha dicho que mi tío todavía le **debe** dos mil euros. Hemos ido a **visitar** a mi tío. Cuando mi tío abrió la puerta olía a alcohol. Nos explicó que no había ganado nada en la lotería.

Mi tío solo quería **fanfarronear**.

Mi padre le **exige** de todas formas su dinero. Al final de la conversación **mi tío** dio las llaves de su antiguo coche a mi padre. Con eso mi tío ha **pagado** las deudas.

Preguntas

¿Cómo se llama el juego de la lotería?

¿Cuántas deudas tiene el tío con el padre?

¿A qué huele el tío cuando abrió la puerta?

Vocabulario

la lotería: lottery I **acertado seis números:** hit six numbers I **deber:** to owe I **visitar:** to visit I **fanfarronear**: to brag I **exigir**: to require I **mi tío:** my uncle I **pagar:** to pay

9. El paseo

Juan y María son buenos **amigos**. Los domingos van siempre a pasear por el parque. **La mayoría de las veces** lo hacen durante dos horas. Cada domingo Juan **recoge** a María en su casa. Hoy es domingo y es el **cumpleaños** de Juan, él ha cumplido trece años. A Juan se le ocurre algo. Llama a la puerta de María.

María abre. «Hola Juan. Todavía no estoy lista. Tengo que **ponerme** aún los zapatos».

«Eso no tienes que hacerlo», responde Juan. «No vamos a pasear. Hoy vengo a visitarte a casa y el resto **ya puedes imaginártelo.**»

Preguntas

¿Cuándo van Jan y María al parque?

¿Cuántos años ha cumplido Juan?

¿Qué tiene que ponerse aún María?

Vocabulario

la mayoría de las veces: most often/mostly/most times I **amigos:** friends **I** **recoger:** to pick up **I** **cumpleaños:** birthday I **poner**: to put (on) I **ya puedes imaginarlo:** you can imagine

10. En la oficina

Me llamo Tanja y soy secretaria. Los lunes siempre tengo mucho que hacer. Por las mañanas **me voy** con el coche a la **oficina**. Lo primero que hago es hacer un café y **descolgar el teléfono**. Cuando mi jefe llega tengo que hacerle **un favor**. **Después** no me suelo sentir bien. Luego, voy a correos y envío cartas. **Por las tardes** ordenó el piso y me voy a la **ducha**. Más tarde me voy a veces al supermercado de compras. Por la noche **me acuesto temprano.** A menudo sueño con mi jefe. Me gusta mi jefe porque, con frecuencia, me manda **regalos**.

Preguntas

¿Qué se tiene que hacer después del trabajo?

¿Qué es lo primero que hace ella cuando llega a casa?

¿Con quién sueña ella a menudo?

Vocabulario

me llamo: my name is I **me voy:** I go I **oficina:** office I **descolgar el teléfono:** to pick up the phone I **un favor:** a favor I **después:** after I **por las tardes:** in the afternoon I **la ducha:** shower I **me acuesto temprano:** I go to bed early I **regalo**: gift

11. Control de billetes

Somos un grupo de cuatro niños. **Afuera** hace **frío** y vamos en tren. Ya somos niños mayores, por eso viajamos a menudo.

Irma es **la niña más pequeña** de nuestro grupo, tiene nueve años.

Hoy vamos a visitar a **la abuela** en Madrid desde un pueblo. Tenemos nuestro propio **compartimento** en el tren.

Llaman a **la puerta**. Es **el revisor** diciendo que va a hacer un control de billetes. Le enseñamos nuestros billetes. Irma rebusca en su bolso y ¡**No puede encontrar los billetes**! El controlador le pregunta que si tiene su **identificación.** Pero Irma no tenía ningún documento.

El revisor dijo que Irma tenía que seguirle y nos quedamos en el compartimento sentados. El tren se paró en una estación de trenes pequeña de **un pueblo.**

Fuera hay mucha nieve. ¿Dónde está Irma? **Empezamos a preocuparnos.**

Irma está perdida. De repente empieza el tren a andar y vemos a Irma. La **reconocimos** desde la ventana. El controlador la **echó** y nos dimos cuenta de que Irma se había dejado la chaqueta dentro. Irma esperó fuera sin su chaqueta.

Preguntas

¿Qué edad tiene Irma?

¿Por qué nos preocupamos?

¿Qué se ha dejado Irma?

Vocabulario

afuera: outside I **frio:** cold I **la niña más pequeña**: the smallest girl I **la abuela:** the grandmother I **compartimento:** compartment I **la puerta**: the door I **el revisor**: auditor/conductor I **no puede encontrar los billetes** I she cannot find the tickets I **identificación**: ID card I **un pueblo:** a village I **empezamos a preocuparnos** I we started to worry I **reconocer:** to recognize I **echar**: to kick out

12. El accidente de coche

El mes pasado fui como siempre del trabajo a casa en coche. Conduje muy **despacio** por la carretera nacional. Me detuve en un semáforo en rojo. De repente, escuché un estallido. **El coche de atrás** se había chocado conmigo. Inmediatamente me bajé y vi que mis luces traseras estaban **dañadas.**
El conductor se disculpó y me ofreció **dinero**. Me ofreció quinientos euros. Los rechacé. Le dije que iba a llamar a la policía. Me giré y quise **coger mis papeles** cuando en un instante todo se volvió negro.
No puedo **recordar** nada más después de eso. En algún momento me desperté en el hospital. El médico dijo que **me había golpeado por detrás.**

Preguntas

¿Dónde me paré?

¿Qué hizo primero el conductor?

¿Dónde me desperté?

Vocabulario

el mes pasado: last month I **el coche de atrás**: the car behind I **dañada:** damaged I **recoger mis papeles**: t get my papers I recordar: remember I **me había golpeado por detrás** I I got shot from behind

13. En el circo

Hoy voy a ir con mi madre al circo. El **espectáculo** comienza a las seis. Nos ponemos en la fila para **comprar** las entradas. Preguntamos **en la taquilla** que por qué la entrada es tan **cara**. La taquillera nos dice que el circo tiene incluso un tigre y que ellos tienen que **comer carne fresca** a diario.

Por fin empieza el espectáculo. Primero vemos un payaso que hace muchas **bromas**. El payaso hace reír a muchos niños pequeños. Después llegan los animales grandes. Un elefante tiene que **levantar** una pata. Un mono con un palo metido en una jaula. Ahora vienen los felinos grandes. Un tigre tiene que **saltar por un aro en llamas**.

Pregunto a mi madre si los tigres hacen **lo mismo** en la naturaleza. Mi madre dice que no lo **sabe.** También dice que es importante divertir a los espectadores.

Preguntas

¿Cuándo comienza el espectáculo?

¿Qué reciben los tigres a diario?

¿Qué tiene que hacer el elefante?

Vocabulario

espectáculo: spectacle/show I **comprar:** to buy I **en la taquilla**: at the cash register I **caro:** expensive I **comer:** to eat I **carne fresca**: fresh meat I **broma:** joke I l**evantar:** to lift/ to get up I **saltar por un aro en llamas**: to jump through a burning ring I **lo mismo:** the same I **saber**: to know

14. Nuestra nueva casa

Mi padre se ha comprado **una casa grande**. La casa es de dos **plantas** y cada una de ellas tiene ocho habitaciones. Mi madre, mi padre y mi hermana viven en la planta baja. Mi padre quiere **alquilar** la planta de arriba, aunque dice que no es fácil encontrar un buen **inquilino**. Este **fin de semana** vendrá mucha gente para mirar el piso. El fin de semana pasado ya vinieron dos familias. A ellos les hubiese gustado alquilar el piso pero mi padre no los quería como inquilinos. La primera familia estaba **en el paro** y la segunda familia quería que la **abuela**, que estaba **enferma**, viviese en la casa. Mi padre no lo quería, porque hubiese habido mucho **alboroto** en la casa. Esperaremos hasta que venga la familia perfecta. Lo mejor sería sin niños y no fumadores.

Preguntas

¿Qué ha comprado el padre?

¿Cuándo vendrá la gente a mirar el piso?

¿Por qué no quiere el padre que viva la abuela en l casa?

Vocabulario

casa grande: big house I **planta:** floor I alquilar: **to rent** I **inquilino:** tenant I **fin de semana:** weekend I **en el paro**: unemployed I **la abuela**: grandmother I **enfermo(a):** sick/ill I **alboroto**: noise/disturbance

15. Vamos a aprender español juntos

Me llamo Cristopher. **Desde hace casi tres años** vivo en España. Vine una vez a aquí con toda mi familia porque en mi **país** había mucho paro. Cuando llegué no sabía decir **ni una palabra** en español. **Estudio** todas las tardes en una escuela de idiomas. A veces no entiendo todo lo que dicen. Entonces pregunto a la profesora que si puede hablar **un poco más despacio**. Cuando habla así **entiendo** todo. Mi español ha mejorado desde que estudio en un grupo. Me **divierte** mucho aprender en grupo. Tengo ilusión de que llegue la **siguiente** clase.

Preguntas

¿Desde cuándo vive Cristopher en España?

¿Qué pasa en su país?

¿Qué es lo que le divierte?

Vocabulario

desde hace casi tres años: for almost three years I **el pais**: the country I **ni una palabra:** not a word I **estudiar:** to study I **un poco más despacio**: al littlw more slowly I **entender**: to understand I **divertir**: fun/to have fun/to amuse I **siguiente**: following

16. Mis vacaciones son lo más importante

Me llamo Diana y tengo mis **vacaciones planeadas** desde hace ya seis meses. En invierno suele hacer **frío** en Irlanda y hay mucha **oscuridad**. Trabajo como **limpiadora** y para mí las vacaciones son muy importantes. Las **vacaciones** son algo que me tomo siempre muy en serio. Ahora en invierno están los **vuelos** caros porque en Irlanda las compañías aéreas suben los precios en épocas de vacaciones.

El mes que viene empiezan mis vacaciones. Voy a ir a Tenerife, una isla en el atlántico. Tenerife **pertenece a España.** Una amiga mía vive allí. Me va a enseñar la isla y mi plan es aprender alemán durante las vacaciones. **Estoy muy ilusionado**. Para mí las vacaciones son **la época más importante** del año.

Preguntas

¿Desde cuándo tiene Diana planeadas sus vacaciones?

¿De qué trabaja Diana?

¿Adónde va a ir Diana?

Vocabulario

vacaciones planeadas: planned vacation I frio: cold I **oscuridad**: darkness I **limpiadora:** maid I **vacaciones:** vacation i **el vuelo**: the flight I **el mes que viene**: the coming month I **pertenece a España:** belongs to Spain I **Estoy muy ilusionado**: I am very excited I **la época más importante**: the most important time

17. Mis aficiones

Mi nombre es Miriam y puedo decir de mí misma que tengo muchas aficiones. **Eso se debe a que** tengo muchos intereses. Cuando era niña tuve una gran **colección de muñecas**. Ahora **estoy interesada en el arte.** Me gusta **pintar** y diseñar cuadros. Además me gusta **leer**, sobre todo libros de historia, que me parecen muy interesantes. Desde hace años **toco el piano**. **Al principio** tuve que aprender a tocarlo pero ahora es una de mis aficiones. En realidad todos en mi familia tienen muchas aficiones. Mi hermano **juega** el tenis y al golf. **Mi padre cría perros** y mi madre está apasionada por la cocina. Mi hermano tiene una barca. Desde ella, a menudo, se tira al agua para **bucear**. Los fines de semana toca la guitarra en una banda. Las guitarras no son fáciles de tocar pero **ella adora la música.** Por las noches voy a bailar. Me gusta sobre todo la danza folclórica.

Preguntas

¿Qué tenía Miriam de niña?

¿En qué está interesada ahora?

¿Qué tiene su hermana?

Vocabulario

mis aficiones:my hobbies I **eso se debe a que..**: that's because.. I **colección de muñecas**: dolls collection I **estoy interesada en el arte**: I am interested in art I **pintar**: to paint I **leer**: to read I **tocar el piano**: playing the piano I **al principio**: at the beginning I **jugar**: to play I **Mi padre cría perros**: my father breeds dogs I **ella adora la música**: she loves music

18. Un niño ayuda

Jorge tiene quince años. De lunes a viernes va a la escuela y a las una se va en autobús de **la escuela** a su casa. Normalmente está el autobús lleno de pasajeros. **La mayoría son estudiantes** pero también hay muchos jubilados. Cuando Jorge está sentado en el autobús y ve a la gente mayor de pie, **ofrece** su asiento. Para la **gente mayor** es complicado estar mucho tiempo de pie. En la parada de autobús, donde Jorge se baja, hay un semáforo para **peatones**. Para que la luz se vuelva verde, el peatón tiene que pulsar un botón. Mucha gente mayor no lo sabe y **olvida pulsar el botón.** Jorge ayuda a los jubilados y a la gente mayor a cruzar la calle de forma segura. Un día tuvo Jorge una idea. En pocos años aprenderá un oficio. Jorge quisiera ser **cuidador de personas mayores.**

Preguntas

¿Cuántos años tiene Jorge?

¿Qué es complicado para las personas mayores?

¿Qué tiene que hacer Jorge en pocos años?

Vocabulario

Jorge tiene quince años: Jorge is fifteen years old I **escuela**: school I **la mayoría son estudiantes**: most are students I **ofrecer**: to offer **I jente mayor**: older people I **peatones**: pedestrians I **olvida pulsar el botón**: forget to press the button I **cuidador de personas mayores**: caregiver of older people

19. El dinero está en la calle

Marco ha vuelto a llegar a casa de la escuela. Hoy ha vuelto a ofrecer su **asiento** a una **mujer mayor**. Después ha **ayudado** a un jubilado a cruzar una calle muy transitada. Hoy es viernes y Marco quiere ir al cine esta noche. Pero cuando Marco **miró** qué películas echaban en el cine, **descubrió** que solo había clásicos antiguos. **A pesar de** ello Marco va al cine.

Delante de la taquilla se ha formado una fila. Marco deja pasar a un jubilado porque entiende que las **personas mayores** no pueden estar mucho tiempo de pie esperando. Marco estaba todavía en la fila cuando **descubrió** un papel en el suelo. Pero se dio cuenta de que no era un papel. Delante de él había dinero en el suelo. Marco **se guardó** el billete. ¡Marco se había encontrado un billete de veinte euros! Marco se compró con el dinero una entrada para el cine.

Preguntas

¿A quién ha ofrecido Marco su asiento?

¿Qué quiere hacer Marco?

¿Qué ha descubierto Marco?

Vocabulario

el **dinero está en la calle**: the money is on the street I **asiento:** seat I **mujer major**: old woman I **ajudar:** to help I **mirar:** to see/to look I **descubir**: to discover I **a pesar de**: in spite of I **se guardar**: to pick up

20. La báscula

Marion ha engordado. Ella se pesa cada mañana en una báscula. La última vez pesó más de doscientos kilos. **La báscula llegó** hasta el **tope**. Dos veces a la semana viene su familia a **visitarla**. Sus **padres** y sus hermanos se preocupan por la **salud** de Marion. Los padres saben que Marion tiene pensado hacer dieta de nuevo.

Marion ha prometido a su familia que tendrá **éxito** con su nueva dieta porque solo come alimentos vegetarianos.

En navidades está la familia de Marion en la casa. Marion dije que había **adelgazado** en los últimos meses veinte kilos. Su familia no le cree y su madre dice incluso que **no se puede ver** que haya adelgazado. En los meses siguientes, Marion **envió** una foto a su familia. La foto mostraba sus pies encima de la báscula. La báscula marcaba cien kilos. ¡Sensacional! **Toda la familia se alegró.** Aunque Marion guarda un secreto para ella. Había manipulado la báscula en secreto.

Preguntas

¿Qué hace Marion cada mañana?

¿Qué le promete Marion a su familia?

¿Cuántos kilos pesa Marion?

Vocabulario

la báscula: the scale I **Marion ha engordado** I Marion has gained weight I **tope**: stop I **visitar**: to visit I **los padres**: the parents I **salud**: health I **éxito**: success I **adelgazado**: lost I **no se puede ver:** they/one cannot see I **enviar:** to send I **Toda la familia se alegró:** all the family rejoiced

21. Aprender las normas de circulación

Nuestro hijo ya tiene seis años. Es hora de que aprenda las **normas de circulación**. Cuando se cruza una calle hay que **mirar** primero hacia la izquierda y luego hacia la derecha. Por último, hacia la izquierda de nuevo. Cuando no hay ningún coche, tiene que cruzar la calle solo. Hay que **prestar atención** a los semáforos. Cuando están en rojo hay que **esperar** y cuando están en verde se puede cruzar. A veces hay que pulsar antes un botón y esperar hasta que el semáforo se ponga en verde. En España hay muchos **carriles de bicicleta**. Para los ciclistas hay que dejar siempre **espacio**.

Preguntas

¿Qué edad tiene el hijo?

¿Cuándo se puede cruzar la calle?

¿Qué hay mucho en España?

Vocabulario

normas de circulación: traffic rules I **mirar**: to look/to see I **prestar atención**: pay attention I **esperar:** to wait I **carriles de bicicleta**: bicycle lanes I **espacio**: slow(y)

22. Prestar dinero es arriesgado

En mis tardes libres me gusta ir a un bar. Allí me bebo una cerveza grande y **a veces** veo el fútbol. En el local me encuentro con mucha gente con **diversos trabajos**. La mayoría de las veces los hombres van solos al bar. Desde hace muchos años viene un **cliente habitual**. Creo que el hombre viene cada día. A él le gusta decir que es un **hombre de negocios** exitoso y que tiene mucho dinero. Un día me pidió un favor. Me preguntó que si podía **dejarle** cincuenta euros. Normalmente no le dejo dinero a nadie porque con el dinero se estropean las amistades. Me dijo que al día siguiente me **devolvía** el dinero. Le creí y dejé al hombre el dinero. Al día siguiente, él no estaba allí. Después de una semana me lo volví a encontrar y esta vez sí me devolvió el dinero. Un día más tarde me lo volví a encontrar. **El hombre se acercó** y me preguntó que si podía dejarle cien euros. Le dije que ese día no podía. Más adelante me enteré por otros clientes que el hombre **pedía** dinero casi cada día.

Preguntas

¿Qué veo a veces en el local?

¿Por qué quiere le hombre devolverme el dinero?

¿De qué me he enterado por otros clientes?

Vocabulario

a veces: sometimes I **diversos trabajos**: different kind of work I **cliente habitual**: regular customer I **hombre de negocios:** business man I **dejar:** to leave I **devolver**: return/to get s.th.back I **el hombre se acercó**: the man came up (with) I **pedir:** to ask

23. Redes sociales

Mi nombre es Nicole. Aparentar **guapa y sana** es muy importante para mí. También me gustaría que vieran que estoy a la moda. **Tengo una tienda en internet**. Vendo maquillaje y perfumes. Utilizo las redes sociales para eso. A diario subo mis fotos a redes sociales como Instagram, Pinterest y envío mensajes por Twitter y Facebook. Allí **doy consejos** sobre cómo las mujeres pueden conservarse jóvenes y bonitas. A diario leo artículos en Facebook, también **recibo** muchas **peticiones de amistad**. Primero intento **conocer** nuevos amigos, después intento ofrecer mis productos por las redes sociales. De amigos pasan ser clientes.

Soy muy feliz porque todos los días gano seguidores y amigos en Facebook y Twitter. Creo que seré muy exitosa en el futuro.

Preguntas

¿Qué subo a diario?

¿Qué consigo en Facebook?

¿Qué intento ofrecer en las redes sociales?

Vocabulario

redes sociales: social media I **guapa y sana:** beautiful and healty I **tengo una tienda en internet**: I have an online business I doy **consejos**: I give advice I **recibir:** to get I **peticiones de amistad**: friendship request I **conocer:** to know I soy muy feliz: I am very happy

24. La preparación

Me llamo Nico y el próximo viernes tendrán lugar mi **fiesta de cumpleaños** en mi piso. Voy a cumplir treinta años. **Por la mañana** vendrán mis padres, mis hermanos y mis abuelos. Por la noche **invitaré** a mis amigos. Mi madre me ayudará desd por la mañana a **preparar la comida**. Cocinaremo juntos un estofado de carne y haremos **un pastel**. Para la noche vamos a preparar una ensalada de patatas con mucha mayonesa. A mis amigos y familiares les gusta comer la comida tradicional. Lo más importante es mi pastel de cumpleaños. ¡Tiene que estar decorado con treinta **velas** y mucha **nata**! ¡Treinta velas significan que me vuelvo mayor! ¡El viernes será un gran día!

Preguntas

¿Dónde tendrá lugar mi fiesta de cumpleaños?

¿Qué vamos preparar para la noche?

¿Qué es lo más importante?

Vocabulario

fiesta de cumpleaños: birthday party I **por la mañana:** in the morning I **invitar:** to invite I **preparar la comida:** preparing the food I **un pastel:** a cake I **velas:** candles I **nata**: cream

25. Mis mejores amigos

Desde que iba a la escuela soy amiga de Sofia. Teníamos por aquel entonces doce años cuando **nos conocimos**. Aunque ella vive en otra **ciudad,** siempre hemos mantenido un buen contacto. Más tarde fuimos a una escuela **juntas** en Madrid. Nos hemos **apoyado** siempre mucho. Mi punto fuerte son las lenguas y **mi punto débil** es la asignatura de matemáticas, por eso Sofia siempre me ha ayudado en los deberes de matemáticas y yo a ella en idiomas. Más adelante me ayudó con otras **muchas cosas**. Nos apoyamos también mentalmente. Ella me ha consolado a menudo cuando yo estaba **triste** y yo a ella cuando estaba **nerviosa**. Tenemos una buena **amistad** y espero que dure mucho tiempo.

Preguntas

¿Dónde hemos ido juntas a la escuela?

¿Cuáles son mis puntos fuertes?

¿En qué nos apoyamos?

Vocabulario

mis mejores amigos: my best friends I **nos conocimos**: we met I **la ciudad**: city I **junto/juntas**: together I **lengua/idioma**: language I **apoyer**: support/help I punto **débil**: weak point/side I **muchas cosas**: many things I **triste**: sad I **nerviosa**: nervous I **amistad**: friendship

26. Bajo la farola

Martín es un **soñador** pero tiene que trabajar duro. A veces tiene que trabajar hasta tarde por la noche. **Por lo demás** vive solo. Cada noche cuando va del trabajo a casa, coge por un parque. Han pasado las estaciones **y ya es otoño**. Cuando camina por el parque de noche de camino a casa, las farolas están ya **encendidas**.

Una noche Martín se **dio cuenta** de que una chica joven estaba debajo de una farola. La chica parecía esperar a alguien. A Martín le pareció muy atractiva. La siguiente noche estaba la misma chica bajo la farola. Cuando Martín se fue por la noche a la cama pensó en la bonita chica. Llevaba zapatos con **tacones altos**. La semana siguiente estaba la misma chica de nuevo en el parque pero Martín era demasiado **tímido** para hablarle.

Una noche Martín se acercó a ella. Ese día quería hablarle. La chica le **sonrió**. Ella le preguntó a él: «¿Te vienes conmigo?».

Preguntas

¿Por dónde pasa Martín todas las noches?

¿Qué lleva la chica joven?

¿Cuándo se acercó Martín a la chica?

Vocabulario

la farola: lamppost I **soñador**: dreamer I **por lo demás**: at least I **y ya es otoño**: it's already fall I **encendidas**: on/switched on I dar cuenta: to notice I **tacones altos**: high heels I **tímido**: shy I le **sonrió**: she smiled at him

27. El obrero

Antes trabajé en una **obra de edificios.** En el trabajo tenía que cargar a menudo con **piedras pesadas** y luego limpiar las calles con una escoba. Un día se me acercó una **niña pequeña** y me preguntó que por qué **sudaba** tanto. «Trabajo duro por eso sudo y estoy agotado», le dije. Me pregunt más cosas, como que por ejemplo por qué tengo que trabajar tanto y que por qué no hago otra cosa. Le expliqué mis razones **lo mejor que pude**.
De repente se acercó un hombre. Era mi jefe y me puso **una mala cara**. «¿Por qué está plantado ahí y se **entretiene** con una niña?». Le dije que solo estaba tomándome un pequeño descanso y que la niña solo quería saber por qué yo sudaba tanto.
«¿Por qué suda tanto?», me preguntó el jefe.
«Porque he **cargado** con muchas piedras», le dije.
A esto respondió: «Ya basta de charloteos, empiec ya.» Entonces mi jefe se marchó y al día siguiente me busqué otro trabajo.

Preguntas

¿Qué preguntó la niña pequeña?

¿Qué preguntó el jefe?

¿Qué hice al día siguiente?

Vocabulario

el obrero: the worker I **obra de edificios**: workside/work of buildings I **piedras pesadas:** heavy stones/bricks I **niña pequeña**: little girl I **sudar:** to sweat I **lo mejor que pude:** the best I could I **una mala cara:** a (bad/angry) face I **entretener**: to entertain I cargar: to carry

28. Corte de luz

Estamos jubilados y el pasado otoño hubo una gran **tormenta**. Estaba acompañada de **mucha lluvia** y al final se produjo un apagón. **De Pronto** se fue la luz. **La calefacción** y la cocina tampoco funcionaban, al igual que los teléfonos.

Fue realmente terrible porque mi mujer y yo tenemos más de ochenta años y vivimos en una **residencia de ancianos**. Todo estaba oscuro y los vigilantes decían que teníamos que esperar a los bomberos.

A pesar de todo, teníamos bastantes alimentos y cerca de la residencia de ancianos había un hotel. El problema era que **la temperatura no paraba de bajar**. Al segundo día hacían cero grados. Muchas personas mayores estaban **intranquilas** porque por la noche hacía mucho frío. Al tercer día vinieron autobuses que nos evacuaron.

Nos **reunimos** en el parque para que nos recogieran. A Los clientes del hotel que **estaba al lado** les recogieron primero. Ellos **nos saludaban**

amablemente desde la ventana del autobús. No podíamos irnos con ellos porque no éramos clientes del hotel y nos quedamos en la residencia. Tras dos meses vinieron finalmente los electricistas.

Preguntas

¿Cuándo hubo una gran tormenta?

¿Dónde vivimos?

¿Dónde nos iban a recoger?

Vocabulario

corte de luz: blackout/power outage **I la tormenta:** storm I **mucha lluvia**: lots of rain I **depronto**: suddenly I **la calefacción**: the heating I **residencia de ancianos**: nursing home I **la temperatura no paraba de bajar**: the temperature didn't stop going down I **intranquilos**: restless I **reunir**: to gather/to meet I **estar al lado:**next I **nos saludaban amablemente**: they greeted us kindly

29. En el cine

Este **fin de semana** hay una película interesante en el cine. Es de estilo romántico, **por eso** voy a ir con una mujer a verla. Ella es una **vecina** y la he **invitado a venir conmigo**. Compramos palomitas y nos sentamos en la fila de atrás. Se proyectan muchas escenas románticas. Mi vecina apoya su **cabeza** en mis hombros. Cojo su mano. De repente, mi vecina se levanta. Se ha **enfadado** y se va rápidamente **hacia fuera**. Yo me quedo en el cine porque la película es realmente romántica. Fue una noche muy interesante.

Preguntas

¿Qué tipo de película se va a proyectar el fin de semana?

¿Qué compran en el cine?

¿Qué hace la vecina en el cine?

Vocabulario

fin de semana: weekend I **por eso:** that's why I **vecina(o)** neighbor I **invitado a venir conmigo**: invited to come(go) with me **I cabeza:** head **I enfadado:** angry **hacia fuerte:** (to the)outside

30. Una ensalada sencilla

Linda trabaja en un restaurante. **Ha empezado a trabajar allí** hace dos semanas. Casi siempre trabaja en la cocina pero cuando el restaurante está **lleno**, también tiene que hacerlo de **camarera**. El chef es muy famoso en la ciudad. Hoy trabaja él mismo en la cocina. Los primeros **pedidos** están llegando y el jefe grita en la cocina: «¡Una ensalada sencilla, Linda!». Ella se pone a trabajar inmediatamente. Primero coge una fuente grande, trocea la lechuga y añade pepinos en rodajas. Luego coge un tomate y lo corta en cuatro trozos. Usa también algunas aceitunas y **corta** una cebolla en rodajas. **Al final** mezcla todos los **ingredientes** y hace una vinagreta con aceite de oliva, vinagre, sal y pimienta.

«La ensalada está lista», **avisa** Linda en la cocina. El chef mira la ensalada. «¿A esto le **llamas** tú una ensalada sencilla?»

Preguntas

¿Dónde es famoso el chef?

¿Qué añade Linda a la ensalada?

¿Qué hace al final?

Vocabulario

una ensalada sencilla: a simple salad I **ha empezado a trabajar allí I** I started to work there I **lleno:** full I **camarera(o):** waiter/waitress I **pedido**: order I **cortar:** to cut I **al final:** at the end I **ingredientes**: ingredients I **avisar**: to warn I **llamar:** to call

31. Mi libro favorito

Desde hace un mes estoy leyendo un libro fascinante de un **escritor** famoso. El libro es una novela y se trata de un hombre mayor que se va al **mar** para pescar.

El hombre mayor tiene que luchar contra un pez **grande y poderoso**. Al final gana el hombre mayor pero el libro tiene un **significado profundo**. El escritor se llama Ernest Hemingway y su libro fue escrito en Cuba en el 1951. Este libro pertenece a la literatura universal y gracias a esta obra, Hemingway fue galardonado con el Premio Nobel de literatura. **Me gustaría** en el futuro leer más libros de este escritor. Los libros son mucho mejor qué **las películas**.

Preguntas

¿Cómo se llama el escritor?

¿Contra qué tiene que luchas el hombre mayor?

¿Con qué fue galardonado el escritor?

Vocabulario

escritor: writer/author I **mar**: sea/ocean I **grande y poderoso**: big and strong I **significado profundo**: deep meaning I **me gustaría:** I would like to I **las películas**: the movies

32. Bajarse

Alberto y Maria son **hermanos**. Cada fin de semana van a visitar a su abuela **por la mañana**. Ella vive en otra ciudad **a las afueras** de Madrid. **Para poder** visitarla, los hermanos tienen que coger primero el tren y después el autobús. Cogen el tren para Madrid y en la estación principal tienen que bajarse para tomar otro tren. **Mientras tanto**, ellos tienen que esperar una hora hasta que llegue el siguiente tren. Cuando por fin llegan a **la pequeña ciudad**, cambian de transporte y cogen el autobús. Todo el viaje dura normalmente tres horas y por la noche tienen que **volver a casa**.

Preguntas

¿Adónde van los hermanos?

¿Dónde tienen que cambiar de tren?

¿Cuánto dura el viaje?

Vocabulario

hermanos: siblings/brothers I **por la mañana**: in the morning I **a las afueras**: on the outskirts I **para poder**: I to be able to I **mientras tanto**: during/while/in the meantime I **la pequeña ciudad**: small city/town I **volver a casa:** go home

33. El divorcio

Desde el año pasado estoy divorciada. Mi **marido** es un alcohólico y no es capaz de cuidar de su familia. Graciasa Dios **los niños** ya son mayores, aunque todavía necesitan **apoyo**. A menudo quedo con otras mujeres solteras. Solemos hacer excursiones **juntas**. Muchas de mis amigas vuelven a **casarse**. Muchos hombres solteros se convierten en alcohólicos. Yo no **bebo** nada de alcohol y no me voy a volver a casar.

Preguntas

¿Qué es mi marido?

¿Qué necesitan los niños?

¿Qué hacen muchas de mis amigas?

Vocabulario

marido: husband I **los niños**: the children I **apoyo:** support I **juntas**: together I **casar:** to marry I **beber:** to drink

34. Desempleados

María está de nuevo desempleada. Los últimos tres años ha trabajado en una gran empresa como **contable** pero la **ha caído en la quiebra**. Antes de que sucediera, ya llevaba un tiempo sin trabajo pero María tiene confianza en volver a encontrar uno nuevo. Ella se considera muy trabajadora, **eficaz**, puntual, amigable y sociable. Lee a diario **ofertas de trabajo** en el **periódico** y casi todos los días solicita empleo.

¡No parará hasta que no encuentre un trabajo! El **trabajo de sus sueños** es seguir siendo contable aunque María sea flexible. Sería capaz de hacer otro trabajo, como por ejemplo administrativa.

Preguntas

¿De qué ha trabajado María?

¿Qué lee María a diario?

¿Qué solicita María casi cada día?

Vocabulario

desempleados: unemployed I **contable:** accountant I **ha caído en la quiebra**: has fallen into bankruptcy I **eficaz:** effective I **ofertas de trabajo:** work/job offers I **el periódico**: newspaper I **trabajo de sus sueños**: work of her dreams/ her dreamjob

35. Zapatos nuevos

Ronaldo va a comprarse hoy unos zapatos. **Le pregunta al vendedor** que si tiene también **zapatos de trabajo**. Él le responde que los zapatos están en oferta. Ronaldo ve un par de zapatos bonitos en la **estante** y pregunta si los tiene de la talla 45. El vendedor dice: «No, los zapatos de la estantería son los que últimos que quedan». Ronaldo decide **comprar** los zapatos de la estante. Al día siguiente Ronaldo se pone los nuevos zapatos. Por la noche empieza a **cojear**. Su talón tenía una llaga y le sangraba. Toda la semana siguiente Ronaldo se tuvo que poner sandalias. **Su mujer** le preguntó: «¿Por qué te has comprado unos zapatos que te quedan grandes?» Ronaldo le respondió: « Solo un zapato era **demasiado grande** pero eran bastante **baratos**».

Preguntas

¿Qué se ha comprado Ronaldo hoy?

¿Qué pregunta Ronaldo al vendedor?

¿Qué pregunta él a su mujer?

Vocabulario

le pregunta al vendedor: he/she asks the salesperson **zapatos de trabajo**: working shoes I **el estante:** shelf I comprar: **to buy** I **cojear**: to limp I **su mujer:** his wife I **demasiado grande**: to large I **barato**: cheap

36. Me caso con la oficina

El señor Sanchez es contable y trabaja en una **gran empresa.** Tiene horarios de trabajo normales. A las ocho empieza su trabajo y a las siete de la tarde se va a casa. Últimamente el señor Sanchez se ha puesto **enfermo** a menudo y sus compañeros dicen que ya no trabaja **concentrado**. El señor Sanchez tiene un secreto. Desde hace poco tiene una nueva **novia** y su secreto es que la conoció en l**a calle**. Él ha pagado dinero por su tiempo.

Un día el señor Sanchez dijo que se iba a casa próximamente pero un compañero le contó al jefe que el señor Sanchez ha conocido a su novia en la calle. **El jefe** dijo al señor Sanchez que no podía trabajar más en la empresa si se casaba con ella. Él estuvo reflexionando sobre casarse con la mujer o **conservar su puesto de trabajo**. Finalmente el señor Sanchez dijo al jefe: «Me voy a casar. Pero no con esta mujer, pero con mi puesto de trabajo. **Voy a casar mi oficina**».

Preguntas

¿A qué hora empieza el señor Sanchez a trabajar?

¿Qué le contó el señor Sanchez a sus compañeros?

¿Qué dice el jefe?

Vocabulario

gran empresa: large company I **enfermo:** sick/ill I **concentrado**: focused I **novia:** girlfriend I **la calle**: the street I **conservar su puesto de trabajo**: to keep his job I **el jefe:** the boss I **Voy a casar mi oficina**: I am going to marry my office

37. Una receta nueva

Molli tiene un restaurante en una ciudad pequeña. Básicamente vende **patatas fritas** y hamburguesas. Está casada desde hace diez años con **el dueño** del restaurante. Le gusta la comida que cocinan allí, por eso **ha engordado** en los últimos años veinte kilos. A la mayoría de los clientes también les gusta su comida pero algunos se quejan de que el bar no está limpio y que tiene **cucarachas** que corretean sobre las mesas. A Molli le gustaría servir comida sana y que sus clientes no engordaran a causa de su comida. Molli se ha comprado un **libro de cocina con recetas sanas**, que contiene muchas recetas asiáticas extraordinarias para seguir una dieta. **De repente**, a Molli se le ocurre algo. Al día siguiente se compra una hamburguesa dietética asiática y a los clientes les **gusta** mucho. Un cliente le pregunta de qué está hecha la hamburguesa y Molli responde que está hecha de pan, kétchup y carne de insectos. La carne de insectos la ha preparado ella misma. En el mismo restaurante ha cazado los insectos para **preparar la carne.**

Preguntas

¿Qué le gusta comer a Molli?

¿Qué se ha comprado Molli?

¿De qué está hecha la hamburguesa?

Vocabulario

patatas fritas: french fries/chips I **el dueño**: the owner **ha engordado**: he became fat I **cucarachas:** cockroache I **libro de cocina con recetas sanas**: cookbook with healthy recipes I **de repente**: suddenly I **gustar:** to like I **preparar la carne**: to prepare the meat

38. Diálogo – Un receta con conejo

Paul regenta un restaurante español en Irlanda. Su restaurante es parte de la casa grande en la que **vive**. Detrás de ella hay un **jardín** grande y salvaje. Una noche, cuando Paul quería estaba a punto de **cerrar** su restaurante, llegaron unos clientes. Su mujer trabaja en la cocina. Ella se sorprendió de que su marido dejase entrar a clientes tan tarde. «¿Por qué quieres servir aún a los clientes?», pregunta ella. «**Ya es muy tarde** y llevo todo el santo día en la cocina», se queja. «Los clientes ya han pedido vino», dice Paul.

Su mujer se le echa una bronca: «Pero la cocina está vacía. No nos queda nada en el **frigorífico**».

Paul dice: «Si nos queda un conejo en el frigorífico. He dicho a los clientes que hoy solo me queda conejo».

Su mujer se sorprende de nuevo. «¿Conejos? A la mayoría de clientes no les gusta el conejo». Paul responde: «Tengo un libro de cocina español muy antiguo. **Muestra** una receta antigua de cómo cocinar conejo con leche».

Su mujer mueve la cabeza de un lado a otro. «¿**Cuánto tiempo necesitas** para cocinarlo?». «Por lo menos dos horas», dice Paul. «Tengo todavía que **despellejar** el conejo que he cazado e el jardín».

Preguntas

¿Qué hay detrás de la casa?

¿De qué se queja la mujer?

¿Qué es lo que no le gusta a la mayoría de clientes?

Vocabulario

un receta con conejo: a recipe with rabbit I **vivir**: to live I **jardín**: garden I **cerrar:** to close I **ya es muy tarde:** it's already very late I **frigorífico**: refrigerator I **mostrar**: to show I **cuánto tiempo necesitas**: how much time do you need

39. Una pareja feliz

Me llamo Sara. Desde hace casi ocho años estoy **casada** con Juan. Mi marido es un **hombre de negocios** exitoso y yo soy **ama de casa**. No tenemos hijos pero salimos a hacer muchas cosas juntos. Mi marido es muy romántico y **cariñoso**, aunque también somos diferentes. Mi esposo es deportista, va **regularmente** al gimnasio. Yo me levanto más tarde y me paso las mañanas viendo la **televisión**.

Desgraciadamente tengo **sobrepeso.** Le he prometido a mi marido que voy a ponerme a dieta. El otro día Juan llegó temprano a casa y no le escuché entrar. Me pilló en el **sótano** dándome un atracón de **dulces**.

Preguntas

¿De qué trabaja el marido de Sara?

¿Qué hace Berta por las mañanas?

¿Qué le ha prometido Sara a su marido?

Vocabulario

casada: married I **un hombre de negocios**: business man I **ama de casa:** housewife I **cariñoso:** loving I **regularmente**: regularly I **televisión**: TV/television I **sobrepeso:** overweight I **sótano:** basement I **dulces**: candies

40. La visita al médico

Elsa pensaba que estaba **embarazada**. Cuando el médico la llamó ya tenía una gran **barriga.** Su médico le mostró los claros resultados de la exploración. No está embarazada y no lo había estado. En las semanas siguientes la barriga de Elsa no paraba de hacerse más y más grande. La báscula marcaba el máximo. Su barriga tenía **una forma extraña**. En el **espejo** parecía como una patata enorme. Elsa tenía siempre mucha hambre. En la farmacia se pesó profesionalmente y pesaba 160 kilos. Tenía un **miedo** horroroso. Se fue al hospital y dijo que se encontraba mal. Los médicos la exploraron concienzudamente.

Nadie sabía qué enfermedad padecía Elsa exactamente. Las **radiografías** mostraban una figura extraña. **Al final** Elsa tuvo que operarse para extraer grasa. Cuando le dieron el alta en el hospital, solo pesaba 60 kilos. Preguntó a los médicos sobre su **estado de salud.** El médico jefe señaló hacia el césped que había delante del hospital. Allí había un **burro** y el médico lo señaló también: «Este burro de cien kilos lo hemos extraído de su trasero».

Preguntas

¿Qué pensaba Elsa?

¿Dónde se pesó Elsa?

¿Hacia qué señaló el médico?

Vocabulario

embarazada: pregnant I **barriga:** belly I **una form extraña**: a strange form I **el espejo:** mirror I **miedo**: fear I **radiografías**: x-rays I **al final:** at the end I **estado de salud**: health status I **el burro:** donkey

41. El tour en bicicleta

Somos dos jóvenes de quince años entusiasmados por **montar en bicicleta**. Cada fin de semana, mi amigo y yo salimos con nuestras bicicletas por **los alrededores**.

Queremos ser deportivos y estar en forma, por eso hacemos rutas largas. Estamos desde por la mañana hasta por la tarde montando en bicicleta.

Normalmente conseguimos hacer unos cincuenta kilómetros al día. La mayoría del recorrido lo recorremos por carriles de bicicleta pero en el campo cogemos por **carretera.**

Cerca de nosotros no hay muchas **montañas** pero nos gusta pedalear rápido y hacer pocas pausas. Tenemos unas buenas bicicletas bien equipadas. Cada bicicleta tiene luz trasera y delantera, **frenos** y un timbre. Además, los dos llevamos casco y una camiseta de color llamativo. Para mí esto es hacer deporte pero mi amigo está pensando en que algún día quiere convertirse en ciclista profesional. Él **sueña** con llegar a participar en el Tour de Francia.

Preguntas

¿Adónde nos vamos los fines de semana?

¿Qué es lo que no hay cerca de nosotros?

¿Con qué sueña mi amigo?

Vocabulario

montar en bicicleta: to ride the bicycle I **los alrededores**: the surroundings I **la carretera:** street I **montaña**: mountain

42. Diálogo – En el restaurante

En España los clientes pueden ir al restaurante y **sentarse** donde haya un **sitio libre**. En los restaurantes buenos se pregunta por la carta. El camarero lleva habitualmente **una camisa blanca** y apunta los pedidos en una libreta.

El camarero: «Buenas tardes. ¿Han **elegido** ya algo?».

El cliente: «Quiero un escalope y una ensalada».

El camarero: «¿Qué desea beber?»

El cliente: «Agua mineral, por favor»

Después de la comida se le dice al camarero: «La **cuenta**, por favor».

Normalmente, la **propina** es voluntaria en España y no está incluida en la cuenta.

Preguntas

¿Qué lleva el camarero?

¿Qué se pregunta en un restaurante?

¿Qué es voluntario en un restaurante?

Vocabulario

sentarse: to seat I **sitio libre**: free place I **una camisa blanca:** a white shirt I **elegir:** to choose I **la cuenta:** the bill/check I **la propina**: tip

43. Me gustaría ser profesora

Marta todavía va a la escuela. Su profesor pregunta a los estudiantes qué es lo que quieren hacer en el futuro.

«Qué **trabajo** queréis tener en el futuro», pregunta el profesor.

Miguel levanta el brazo. «Me gustaría ser **médico**. Así podría **abrir** cuerpos y ver qué hay dentro». Lukas levanta el brazo. «Me gustaría ser policía. Así podría disparar a **gente mala».** Nicole se ríe y dice: «A mí me gustaría ser piloto porque sería **libre** como un **pájaro**». Finalmente es el turno de Marta. «Me gustaría ser **profesora.** Quisiera ayudar a **los alumnos** a tomar una buena decisión para el futuro».

Preguntas

¿Qué pregunta el profesor a los alumnos?

¿Qué quiere ser Lukas de mayor?

¿Por qué quiere Marta ser profesora?

Vocabulario

me gustaría ser profesora: I would like to be a teache I **el trabajo** : work I el **médico**: doctor I **abrir**. to open I **la jente mala**: bad people I el **pájaro**: bird I **la profesora:** teacher I **los alumnos**: students/pupils

44. Planes de futuro

Estoy de vacaciones en el mar Mediterráneo y **estoy paseando** a lo largo de la **playa**. Miro hacia el mar y **pienso** en el futuro. ¿Qué me deparará el futuro? Sueño con ir a la universidad para **estudiar medicina**, convertirme en médico y dirigir mi propio consultorio, aunque también podría trabajar en un hospital. Incluso la policía necesita médicos. **Me imagino** que yo podría llegar a ser un buen cirujano. Tengo una idea genial. Voy a convertirme en **cirujano plástico** porque ellos **ganan mucho dinero**, sobre todo en América. Mis pensamientos van más allá y finalmente se me viene a la mente **un pensamiento extraño**. ¿Tal vez tenga que emigrar hacia América?

Preguntas

¿Dónde estoy de vacaciones?

¿Con qué sueño?

¿Adónde emigre posiblemente?

Vocabulario

estoy paseando I I am walking **I la playa:** beach I **pensar:** to think I **estudiar medicina:** to study medicine I **me imagino**: I imagine I **ganar mucho dinero:** to make a lot of money I **un pensamiento extraño**: a strange thought

45. La limpieza

Una vez al año hay que limpiar la casa en profundidad. Normalmente limpiamos toda la casa en Marzo, justo antes de que sea **Pascua.** A esta limpieza profunda la llamamos limpieza de principios de año. Somos una familia con hijos y vivimos en una **casa adosada** típica alemana. Este tipo de casas tiene normalmente dos plantas. En la parte de arriba están **los dormitorios,** en la planta de abajo se encuentran el salón y **la cocina.** También tenemos un garaje, que es lo primero que limpiamos. Lo que hacemos en esta limpieza profunda es limpiar las ventanas, las alfombras, el **suelo** y, además, limpiamos y desempolvamos los **muebles**. También lo hacemos con los colchones. Los niños nos ayudan a limpiar los muebles. De todo lo que hacemos, lo último que limpiamos es el suelo. En esta limpieza profunda ayuda toda la familia, yo no podría hacerlo sola.

Preguntas

¿Cuándo limpiamos normalmente la casa?

¿Qué es lo primero que se limpia?

¿Quién ayuda a limpiar la casa?

Vocabulario

la limpieza: once a year I **una vez al año**: once a year I **Pascua**: Easter I **casa adosada**: townhouse/detached house I **el dormitorio**: sleeping room I **la cocina**: kitchen I **el suelo:** floor I **muebles**: furniture

46. Comprar barato

Me llamo Fátima y hoy me voy de compras. Como estudiante que soy, no tengo mucho dinero y por eso tengo que ahorrar en la compra de **alimentos**. Además, **apoyo** a mi madre en el **extranjero**. Básicamente como arroz y **verduras**. **Por suerte** estos alimentos están muy baratos en España. Por la mañana, generalmente, no hay mucha gente en los supermercados. He escrito una lista, ya que **hoy voy a hacer la compra para toda la semana**. Necesito arroz, verduras, leche, atún y pasta. Si encuentro algo barato, voy a comprar más cantidad de eso. Compro pocas patatas, son más bien un tipo de verdura para los españoles. En España se tiene que pagar todo en la caja y meter uno mismo la compra en las **bolsas**.

Preguntas

¿De qué se alimenta básicamente Fátima?

¿Qué es lo que compra poco?

¿Cuándo están los supermercados normalmente vacíos?

Vocabulario

alimentos: food I **apoyo:** help I **extranjeros:** foreigne I **verduras:** vegetable I **por suerte**: by luck I **hoy voy hacer la compra para toda la semana**: today I will buy all for the week I **la bolsa**: bag

47. Buscando un aparcamiento

España es el país de los **conductores.** La mayoría de personas poseen un coche y muchas familias tienen un garaje con varios coches. Mucha gente extranjera piensa que los conductores españoles son los mejores del **mundo** pero en España no todo es perfecto: La mayoría de conductores saben que en España no hay suficientes aparcamientos en las ciudades. El que va a una **ciudad** en **coche**, por lo general tiene que buscar durante mucho tiempo un aparcamiento.

En **el centro de las ciudades**, usualmente, hay parkings, pero pueden llegar a ser muy caros. Es especialmente complicado encontrar un sitio libre para los **vecinos** o gente que tiene que aparcar a menudo. Al ser tan complicado, los vecinos solicitan tarjetas de aparcamiento, para recibir un lugar para aparcar permanente, a las **autoridades locales**.

Los que no tienen estas tarjetas y, de todas formas aparcan, tienen que pagar una multa.

Los coches estacionados en zonas **prohibidas** se los lleva una grúa. Mucha gente utiliza el autobús porque aparcar en España es muy complicado.

Preguntas

¿Qué sabe la mayoría de conductores?

¿Qué hay que hacer para recibir un sitio para aparcar permanente?

¿Por qué mucha gente utiliza el autobús?

Vocabulario

busando un aparcamiento: looking for parking (space) I **el conductor**: driver I **el mundo**: world I **la ciudad:** city I **el coche**: car I **el vicino:** neighbor I **autoridades locales**: local authorities I **prohibido**: prohibited

48. Nos mudamos

Hemos planeado una **mudanza** para el viernes. Desde hace semanas **estamos preparando** la y tuvimos que meter todo en cajas. Hemos comprado muchas cajas grandes y pequeñas y también **elaborado** listas para saber qué cosas en qué cajas están metidas. Hemos alquilado para el viernes una **furgoneta.** Un amigo nos **ayudará** a meter los muebles y a sacarlos. Voy a conducirla yo mismo. **Menos mal** que nos **quedamos** en la misma ciudad. Después de la mudanza tenemos que reconectar las lámparas y **limpiar** los **muebles.** Por último, limpiaremos el piso antiguo en profundidad para que nos devuelvan la fianza.

Preguntas

¿Qué hemos planeado?

¿Para cuándo hemos alquilado una furgoneta?

¿Qué haremos al final?

Vocabulario

nos mudamos: we are moving I **preparándola**: preparing I **elaborado**: made I la furgoneta: a vanI I ayudar: to help I menos mal: less bad/at least I quedar: be/remain I limpiar: to clean I muebles: furniture

49. Un taxi para el aeropuerto

¡Hoy me voy de **vacaciones!** A las once me recogerá un taxi y me llevará hasta el **aeropuerto**. Para llegar hasta allí, tardamos más o menos una hora y tendré que esperar dos horas hasta que **el avión despegue**.

Ayer hice ya la maleta y esto no es ningún juego d niños. ¡**La ropa** tiene que meterse **cuidadosamente** y no hay que olvidarse de nada!

Solo falta un minuto para las once y ya estoy esperando el taxi **ansiosamente**. Fuera pita un coche, ¡El taxi ha llegado puntual! El conductor m ayuda a meter las maletas en el maletero.

En España el cliente puede sentarse en el taxi delante o detrás. Yo **prefiero** sentarme delante. En la autopista hay poco tráfico y llegamos puntuales al aeropuerto. Cuando **llegamos** le doy propina al taxista.

Preguntas

¿A qué hora me van a recoger?

¿Qué hay que meter en la maleta cuidadosamente?

¿Qué le doy al taxista?

Vocabulario

vacaciones: vacation/holidays I **el aeropuerto**: airport I **el avión despegue**: the plane takes off I la ropa: clothings I **cuidadosamente**: carefully I **ansiosamente**: anxiously

50. Asociaciones en Alemania

Alemania es el país de las **asociaciones**. ¿Qué es una asociación? Una asociación es muy parecida a un club, en el que gente con los **mismos intereses** se reúne **habitualmente**. Normalmente son asociaciones deportivas o comunidades que comparten **aficiones.** Las asociaciones tienen en Alemania una larga tradición. ¡Allí hay más de 570000 asociaciones registradas! Se calcula que hay, por lo menos, un número de veinte millones de afiliados en total. **Alrededor** del cuarenta por ciento de los alemanes acreditan ser parte de una asociación. Las actividades que se suelen hacer en estas asociaciones, tienen que ver con el deporte, el tiempo libre y el trabajo. **De todas formas** la mayoría de asociaciones son deportivas. La asociación deportiva **más conocida** es seguramente el F.C. Bayern de Múnich. La ADAC, una asociación alemana de automovilismo, es la asociación más grande en Alemania con 16 millones de afiliados.

Preguntas

¿Qué tiene en Alemania una larga tradición?

¿Cuánta gente está afiliada a una asociación?

¿Cómo se llama la asociación deportiva más conocida?

Vocabulario

asociaciones: associations I **mismos intereses:** same interests I **habitualmente:** usually I **aficiones**: hobbies I **alrededor**: around I **de todas formas:** anyway I

más conocida: best known

51. Atracciones turísticas

En España hay muchas atracciones turísticas. **Las ciudades preferidas** para los turistas son probablemente Barcelona, Madrid, Granada and Sevilla. Cada región es diferente. A muchos **extranjeros** les gusta la cultura espanol. La cocina española es para muchos turistas exquisita. Un **destino turístico** es el festivo de los torres en Pamplona. En **España** hay muchos **palacios y castillos** que fascinan a los visitantes

Preguntas

¿Cuándo tiene lugar de Pamplona?

¿Qué les parece fascinante a muchos extranjeros?

¿Cuales son los ciudades preferidas?

Vocabulario

las ciudades preferidas: the favorite cities I **extranjeros:** foreigners I **destino turístico**: tourist destination I **palacios y castillos**: palaces and castles

52. La televisión

Acabo de llegar a casa del trabajo y como no espero ninguna visita, voy a ver la televisión. Hay muchos programas de televisión diferentes. Primero veo un programa deportivo, en el que se emitirán partidos de **la semana pasada** de la liga futbol. Como es muy **aburrido**, cambio a otro canal. Hay un programa de música y un documental. En otros canales encuentro **noticias**, programas infantiles y dibujitos animados. Al final elijo una comedia. Rápidamente **caigo en** que no me gustan los payasos aunque sean risueños. Al final **apago** la televisión y me pongo a navegar por internet. La televisión española no es de mi **gusto**.

Preguntas

¿De dónde acabo de llegar?

¿Qué es lo primero que veo?

¿Qué es lo que no me gusta?

Vocabulario

acabo de llegar: I just arrived I **la semana pasada:** last week I **aburrido:** boring I **noticias:** news I **caigo en:** I fall in I **apagar**: to turn off I **gustar:** to like

53. El alcohol puede ser mortal

Muchos hombres beben a día de hoy demasiado alcohol. Hay muchos alcohólicos, por eso **muere** mucha gente de cirrosis. ¿Cómo puede ser tan nocivo el alcohol? El alcohol **daña** muchos órganos, especialmente **el cerebro, el estómago y los intestinos**. Hay muchas razones por las que alguien puede convertirse en alcohólico. Los psicólogos han **descubierto** que algunas de las **razones principales** por las que alguien puede atacar la botella, son la soledad y la frustración. Superar el alcoholismo puede ser muy complicado, pero no imposible. Normalmente se puede recibir apoyo. **Los médicos también pueden ayudar con terapias**. El apoyo de amigos y familiares desempeñan un papel crucial.

Preguntas

¿De qué mueren muchos alcohólicos?

¿Qué han descubierto los psicólogos?

¿Qué puede ser muy difícil?

Vocabulario

alcohol puede ser mortal: alcohol can be deadly I **morir**: to die I **dañar**: to damage I **el cerebro, el estómago y los intestinos**: the brain, the stomach and the intestines I **descubrir**: to discover I **razones principales:** main reasons I **los médicos también pueden ayudar con terapias**:

doctors can also help with therapies

54. El cajero automático

Mañana es fin de semana. Me gustaría pagar en el supermercado con dinero en **efectivo** y después ir al cine. Antes tengo que ir al cajero automático para **sacar dinero**. Lo primero que hago es inserta mi tarjeta de crédito en el cajero. La **pantalla** me pide que teclee mi número secreto. El **número secreto**, también llamado pin, está compuesto de cuatro números. Una vez insertado tengo acceso a mi **cuenta**. Puedo ver en la pantalla cuánto dinero me queda. Saco cincuenta euros. Después de haber sacado el dinero tengo que retirar mi **tarjeta** y recibo un justificante.

¡Una vez me **olvidé** de retirar la tarjeta! Tuve que **bloquearla** y pedir una nueva.

Preguntas

¿Dónde quiero pagar en efectivo?

¿Qué es lo primero que hago?

¿Cuánto dinero saco?

Vocabulario

el cajero automático: the ATM I evectivo: cash I **sacar dinero**: to get/dispense money I **pantalla:** monitor/screen I **número secreto**: secret number/PIN number I cuenta: account I **tarjeta:** card I **olvidar:** to forget I **bloquear**: to block

55. El entierro

La semana pasada falleció mi abuela. Toda la familia está muy **triste**. Hoy por la mañana tendrá lugar el entierro. En Alemania se **entierran** a casi todos los fallecidos. Primero van todos a la iglesia. Allí está el ataúd bien decorado con coronas funerarias y flores. El cura da un **discurso** sobre la vida del fallecido y después todos salen fuera. El ataúd se porta a la tumba. Familiares y amigos siguen a los portadores. Finalmente se entierra el ataúd en un gran ceremonia. Mis padres y mis hermanos echan **tierra** sobre **el ataúd.**

Preguntas

¿Cuándo ha fallecido la abuela?

¿Qué hace el curo?

¿Quién sigue a los que portan el ataúd?

Vocabulario

el entierro: burial **I la semana pasada falleció mi abuela:** last week my grandmother died **I discurso:** speech **I tierra:** earth I **el ataúd:** the coffin

56. Mis nuevos vecinos

Desde que me instalé en mi nuevo piso tengo un nuevo vecino. **Encima de nosotros** vive una familia. Los niños son todavía pequeños. A veces **escucho** cómo juegan. Por las noches ellos **gritan** a veces. Los padres están en la casa. **Debajo de nosotros** vive un chico joven. Es estudiante y vive solo. En su piso tiene un gato. Él me **saluda** cuando cruzamos por las escaleras de la casa. La semana que viene tendrá lugar una reunión de vecinos. Allí se reúnen todos los **inquilinos** de la casa y tratan en conjunto diversas **cuestiones**. Espero con impaciencia la reunión para poder conocer a mis nuevos vecinos.

Preguntas

¿Quién vive encima de nosotros?

¿Quién grita a menudo por las noches?

¿Quién me saluda en las escaleras de la casa?

Vocabulario

encima de nosotros: above us I **escuchar**: to listen I **gritar:** to scream/to yell I **debajo de nosotros:** under/beneath us I **saludar**: to greet I **inquilinos**: tenants I **cuestiones:** issues

57. La pantalla de la lámpara

Lo que realmente quería Bruno Schmidt era comprarse solamente **un tambor.** En Alemania ha muchos **mercadillos de pulgas** que se encuentran normalmente en grandes aparcamientos. E uno de ellos, un hombre mayor que vende muchas **cosas viejas** y objetos antiguos, no quería venderle el tambor. «¿No puedes leer?», preguntó el hombre. Él mostraba en un letrero pintado a mano, en el qu podía leerse que vendía todo por 100 euros y no solo el tambor. Bruno **miró a su alrededor**.

El hombre mayor tenía también una lámpara interesante en venta. Parecía antigua. Era una lámpara de esas que se colocan en los **dormitorios** y Bruno podría necesitarla.

Preguntó que si podía comprar el tambor y la lámpara **juntos**. El hombre mayor asintió. La lámpara tenía muchos adornos antiguos, su pantall estaba hecha de pergamino antiguo. Tenía un color claro y era translúcida. Bruno descubrió en el pergamino una decoración que parecía un **número largo**. ¿Era un **tatuaje**?, ¿De qué estaba hecha la lámpara?, preguntó bruno. «No creo que sea **piel animal**», respondió el hombre.«Yo mismo la he comprado en un mercadillo, que había en el campo de concentración de Buchenwald».

Preguntas

¿Qué quería comprar Bruno?

¿De qué estaba hecha la lámpara?

¿Dónde se compró la lámpara?

Vocabulario

el tambor: drum I **mercadillos de pulgas**: flea market I **cosas viejas**: old stuff/things I **miró a su alrededor**: looked around I **dormitorio:** sleeping room I **juntos**: together I **número largo**: large number I **tatuaje:** tatto I **piel animal:** animal skin

58. Diálogo – En el mercado semanal

En el **puesto de verduras**

Vendedor: «Buenos días, ¿Qué puedo **ofrecerle**?»

Yo: «Buenos días. Quiero 1 kilo de tomates y 2 kilos de patatas».

Vendedor: «Los tomates están baratos. El kilo cuesta 1 euro».

Yo: «¿Los tomates están frescos?».

Vendedor: «Los tomates están muy **frescos, acaban de llegar**».

Yo: «Entonces me **llevo** 3 kilos».

Vendedor: «¿**Desea** algo más?»

Yo: «¿Tiene también higos?»

Vendedor: «No, de eso no tenemos».

Preguntas

¿Qué quiero comprar?

¿Qué es lo que está hoy barato?

¿Qué producto no se vende?

Vocabulario

el mercado semanal: weekly market I **ofrecer:** to offer I **fresco**: fresh I **acaban de llegar**: they just arrived I

llevar: to take I **desear**: like/want

59. Nos vamos a nadar

Somos un grupo de jóvenes a los que nos apasiona nadar. La mayoría de nosotros tiene doce años, solo Rafael tiene once.

Cada viernes vamos a la **piscina pública**. Primero vamos a los **vestuarios** para cambiarnos y dejar nuestras cosas en una taquilla. Después nos **duchamos**. Hay que ducharse antes y después de nadar, ya que es una obligación en las piscinas públicas. Tardamos bastante en ducharnos porque gastamos **bromas** mientras que lo hacemos. Una vez llegados a la piscina, **saltamos** desde el poyete y nadamos para calentar. Empezamos con 1000 metros de **nado** a braza, después continuamos con veinte minutos de estilo libre. Para terminar jugamos al waterpolo. En el borde de la piscina se encuentra siempre el **socorrista** que nos vigila.

La semana pasada también fuimos a nadar pero no nos duchamos antes porque un **niño desconocido** había defecado en las duchas.

Preguntas

¿Qué edad tiene Rafael?

¿Con qué estilo de nado empezamos?

¿Quién nos vigila?

Vocabulario

piscina pública: public swimming pool I **vestuarios:** changing room I **duchar**: to shower I **broma:** joke I **saltar:** to jump I **nadar**: to swim I **socorrista:** lifeguard I **niño desconocido**: unknown child

60. El guía turístico

Me llamo Pepe, soy español y vivo en Mallorca. Los fines de semana **enseño** mi ciudad a los turistas. **Hablo bien alemán** porque hace diez años trabajé en Alemania. He trabajado para Volkswagen pero **volví** a España por mi familia. En Palma de Mallorca trabajo durante la semana como **vendedor de coches** y de viernes a domingo de guía turístico. **El fin de semana pasado** tuve un grupo grande de alemanes jubilados, a los que enseñé la ciudad. Les conté a los turistas la historia de la ciudad. La mayoría de ellos se interesó por los museos. Al final de la guía la gente me hizo **preguntas privadas**, querían saber de dónde era y por qué hablo tan bien alemán. Hay que dar siempre **la respuesta correcta**. Eso lo aprendí en Alemania.

Preguntas

¿Por qué habla Pepe tan bien alemán?

¿En qué están interesados la mayoría de turistas?

¿Qué ha aprendido Pepe en Alemania?

Vocabulario

enseñar: to show I **hablo bien alemán**: I speak good German I **volver:** to return/go back I **vendedor de coches**: car salesperson I **el fin de semana pasado**: last weekend I **preguntas privadas**: private questions I **la respuesta correcta**: the right answer

61. Borracho

No puedo más. **Mi novia ha cortado conmigo**. En la tienda de **la esquina** me he comprado una botella de vodka y un paquete de tabaco. ¡Tengo que desconectar! Ayer debería de haber sido **mi último vaso** pero llevo diciendo lo mismo desde hace veinte años. Necesito mi dosis aunque me sienta realizado en esta **vida.** Puedo morirme mañana que me da absolutamente lo mismo.

Un último vaso de nuevo, mi espíritu y alma solo quieren vodka, todo lo demás me da igual. En verdad **odio** todo esto. ¡Pero tenemos que sobrevivir! En el mundo se ha anunciado **el fin del mundo**. Ojalá el mundo se extinga mañana. Pero que quede entre nosotros, siempre hay un últimomotivo para pimplarse una botella. ¡Aleluya! ¡Que vayas con Dios! Son mis últimas palabras. ¡Salud! ¡**Vete al infierno** o adónde quieras!

Me he puesto una alarma a las seis.

Preguntas

¿Por qué me he emborrachado?

¿Qué es lo que me da igual?

¿A qué hora me he puesto la alarma?

Vocabulario

mi novia ha cortado conmigo: my girlfriend broke up with me I **la esquina:** corner I **la vida:** life I **mi último vaso**: my last glass **I** **odiar:** to hate I **el fin de mundo:** the end of the world I **vete al infierno**: go to hell

62. Vienen los pintores

Esta mañana han venido **los pintores**. Ya era hora, nuestra casa parecía estar desmoronándose. Los pintores han traído **una escalera**. Cada pared tiene que pintarse con rayas blancas. Empiezan por fuera a poner las rayas en los muros exteriores. Los pintores **trabajan en pareja**. Tienen un **cubo** de pintura de color, una **brocha** y un rodillo. Con el rodillo consiguen pintar muchas paredes en poco tiempo. Para nuestra casa, que es pequeña, solo han necesitado un día pero todavía no han terminado. Mañana tienen que pintar las **paredes** interiores de la casa con las rayas. Los pintores quieren que les paguemos directamente todo **en efectivo** sin preguntar.

Preguntas

¿Cómo parecía estar nuestra casa?

¿En qué color se pintan las paredes a rayas?

¿Cuánto tiempo han necesitado los pintores?

Vocabulario

los pintores: painters I **la escalera**: ladder I **trabaja** **en pareja:** working in pairs I **el cubo:** bucket I **la brocha:** brush I **la pared:** wall I **en efectivo:** cash

63. Mi móvil está roto

Desde hace unos días no puedo **cargar mi móvil.** En un principio pensaba que tenía que ver con el **cargador** pero esto no puede ser la causa porque funciona en otros teléfonos. **Menos mal** que conozco una tienda de telefonía, que repara teléfonos móviles. Tengo que dejar el móvil allí un día para que puedan investigarlo. Al día siguiente vuelvo a la **tienda** para recoger mi móvil. Tengo una sensación **extraña**. El vendedor me enseña el teléfono. Lo han abierto. ¡Todo parece negro! El hombre me explica que el teléfono se había dañado durante un **cortocircuito**. La reparación **iba a costar** doscientos euros. También me dice que el teléfono se había mojado y que por eso se había estropeado. Hoy me ha hecho una oferta de un teléfono móvil nuevo. Este solo cuesta trescientos euros. No tengo otra alternativa y me compro el nuevo móvil. No voy a llevarme nunca más el móvil a **la bañera**.

Preguntas

¿Por qué no funciona el teléfono móvil?

¿Qué dice el vendedor?

¿Qué es lo que no voy a volver a hacer nunca más

Vocabulario

mi móvil está roto: my cell phone is broken I **el cargador**: charger I **menos mal**: less bad/fortunately **la tienda:** shop I **extraña:** strange I **cortocircuito**: short circuit/overload I **iba a costar**: was going to cos I **la bañera**: the bathtub

64. Un Español en Alemania

Estoy **por primera vez** en Alemania. Esta mañana he **llegado con el tren**. Voy a quedarme un año en Alemania. El país está muy bien organizado. Hay muchos **transportes públicos** y las calles están muy **limpias**.

Los supermercados están ordenados. Pienso que los alemanes son muy disciplinados. La **puntualidad** en Alemania es muy importante pero muchas cosas están prohibidas. Los domingos están muchas **tiendas cerradas**. Los alemanes son muy **corteses.** En España la gente es muy amable y afectuosa. He venido a Alemania para **buscar trabajo**.

Preguntas

¿Cómo están las calles en Alemania?

¿Qué es muy importante en Alemania?

¿Cómo están los supermercados en Alemania?

Vocabulario

un Español en Alemania: a Spaniard in Germany I **llegar en tren**: arrive by train I **transportes públicos**: public transport I **limpiar**: to clean I **puntualidad:** punctuality I **tiendas cerradas:** closed shops I **buscar trabajo:** looking for work

65. El ladrón

He **dormido i**ntranquilo **toda la noche.** Duermo solo y escucho un portazo. Pego **un salto** de la cama. Me pongo rápido unos **pantalones** y reviso la casa. Escucho pasos. Vienen hacia al salón. Cuando entro en el salón está vacío. No hay **nadie**. Al momento **me doy cuenta** de que había dejado la puerta del balcón abierta. Enciendo la luz y miro a mi alrededor.

Los armarios están abiertos y todas mis cosas están **en el suelo.** ¡Hubo ladrones aquí! Me pongo nervioso pero me doy cuenta rápidamente de que no falta nada. Todo está desordenado pero el ladrón no se ha llevado nada. ¡Ellos estaban buscando dinero en efectivo y **joyas**! Eran drogadictos porque ellos solo roban dinero. No tengo ganas de **llamar a la policía** pero mañana voy a comprarme una pistola.

Preguntas

¿Adónde van los pasos?

¿Qué está abierto?

¿Qué hago al día siguiente?

Vocabulario

el ladrón: thief/burglar I **dormir:** to sleep I **todo la noche:** all night I **un salto:** a jump I **nadie**: nobody **me doy cuenta:** I realize I **en el suelo:** on the floor I **joyas:jewellery** I **llamar a la policía**: to call the police

66. Puedo cocinar

Me llamo Susana y os voy a enseñara hacer **escalopes**. Me gustan sobre todo los de **ternera** pero hay mucha gente a las que les gusta comerlos de **carne de cerdo**.

Lo primero es comprar filetes finos de ternera. Después los golpeo con la palma de la mano hasta que estén bien aplastados. Espolvoreo **ambos lados** con sal y **pimienta.** He preparado tres **platos**. En el primero tengo **harina**, en el segundo plato tengo un **huevo** batido y en el tercero pan rallado. Los filetes se pasan primero por harina, luego por huevo y al final se les pone pan rallado. **La carne** tiene que cocinarse de 2 a 3 minutos en una sartén por ambas caras.

Preguntas

¿Qué es lo que más le gusta a Susana?

¿Con qué se espolvorean ambos lados?

¿Qué hay en el tercer plato?

Vocabulario

puedo cocinar: I can cook I **escalopes:** schnitzel/cutlet I **ternera**: beef I **carne de cerdo**: pork I **ambos lados:** both sides I **pimienta**: pepper **el plato:** dish I **la harina:** flour I el **huevo**: egg I **la carne**: beef (all kinds)

67. La boda

Nuestra hija se casa hoy. Para la boda hemos reservado un restaurante. Hemos enviado más de cien **invitaciones**. Calculamos que vendrán por lo menos ochenta invitados. Después de **la iglesia**, los novios irán en una limusina elegante al restaurante. Lo primero que harán es saludar a los invitados y después se cortará una gran tarta. Los novios serán los primeros en probarlo. Después se sirve la comida. Hemos pedido cinco platos. Por último vendrá una banda de música y tocará jazz. Después de la boda se van los novios de **luna de miel**.

Preguntas

¿Qué hemos reservado?

¿Cuántos platos hemos pedido?

¿Dónde se van los novios después de la boda?

Vocabulario

la boda: the wedding I **nuestra hija se casa hoy:** our daughter is getting married today: I **invitaciones:** invitations: l**a iglesia:** the church I **luna die miel**: honeymoon

68. La ciudad pequeña

Nací en Torre del Mar y **crecí** en Barcelona. Barcelona es la segunda ciudad más grande de España. Torre del Mar es una **pequeña ciudad** a las afueras de Barcelona.

Barcelona es una ciudad muy bonita. Tiene un **puerto** grande y es conocida por su precioso **casco antiguo**. La mayoría de turistas conocen la famosa Las Ramblas.

Las ciudades pequeñas son encantadoras pero para un estudio es mejor una **gran ciudad** como Barcelona. Allí estudian miles de estudiantes que vienen de todas las partes del mundo. Me alegro de estudiar allí.

Preguntas

¿Por qué es conocida Barcelona?

¿Cómo se llama la segunda ciudad más grande de España?

¿Dónde nací?

Vocabulario

nací: born I **crecí**: grew up I **pequeña ciudad**: small town/city I **el puerto**: port I **casco antiguo**: old town I **gran ciudad:** big city

69. Facturas y contratos

Soy estudiante y vivo en un pequeño piso. **Cada mes** tengo que **pagar muchas facturas**. El alquiler es lo más importante, me cuesta más que todo lo demás. Cada mes pago el alquiler, la factura del agua, el teléfono y la **factura de la luz**. Cuando no me queda nada en la cuenta, **hago una transferencia** yo directamente. Los **contratos** están para cumplirlos. ¡Los contratos son en España muy importantes! El que no cumple con los contratos allí, está en problemas. Lo mejor es en España es hacer **negocios** sin contratos.

Preguntas

¿Qué es lo que más me cuesta?

¿Cómo pago mis facturas?

¿Qué hago cuando no me queda nada en la cuenta?

Vocabulario

cada mes: every month I **pago muchas fracturas:** I pay many bills I **factura de la luz**: electricity bill I **hago una transferencia:** I make a wire transfer I **contrato:** contracts I **negocios:** businesses

70. Fin de año

Fin de año se celebra en España la noche del 31 de diciembre. La mayoría de la gente lo pasa con amigos y familiares. **A media noche** se pueden observar **fuegos artificiales**. Las familias cocinan platos especiales. **Comidas típicas** de fin de año son gambas, paella o los perritos calientes. Los alemanes adoran comer ensalada de patatas. A menudo se bebe mucho alcohol en fin de año. Mucha gente se va de **fiesta** y ¡Algunos incluso bailan! El uno de enero es **día festivo** España pero el segundo de enero ya es un día normal de trabajo.

Preguntas

¿Qué hay a media noche?

¿Qué se hace normalmente en fin de año?

¿Cuándo es festivo en España después de fin de año?

Vocabulario

Fin de año: New Year's Eve I **a medianoche**: midnight I **fuegos artificiales**: fireworks I **comidas tipicas**: typical meals I **día festivo**: festive day/holiday

71. Mi carnet de conducir

Hace tres días he recibido mi **carnet de conducir**. Con el carnet de conducir **se pueden** conducir en Alemania todos los coches. Me saqué el carnet poco después de haber cumplido 18 años. Un carnet de conducir es **válido de por vida.**Hoy voy a conducir por primera vez sola por la autopista y usaré el coche de mi padre. Él tiene un Porsche. Conduciré **despacio** y dejaré las **cervezas** en casa.

Preguntas

¿Cuándo he recibido el carnet de conducir?

¿Cuánto tiempo es válido el carnet de conducir en Alemania?

¿Cómo conduciré?

Vocabulario

carnet de conducir: drivers license I **se pueden:** they can I **válido de por vida**: valid for life(no expiration) I **despacio:** slow I **la cerveza:** beer

72. Dolores de cabeza

La señora Meyer tiene fuertes **dolores de cabeza**. El médico explora sus **hombros** y le receta unas **pastillas**, que tiene que tomarse a diario. Además, el médico le aconseja una lista de actividades. Tiene que hacer regularmente a yoga y meditación. El médico dice que los dolores de cabeza tienen su causa en el estrés. La mujer hace los **ejercicios** durante varios días pero los dolores de cabeza no se van. A la semana vuelve al médico.

«¿**Se encuentra mejor**?», pregunta el médico. Ella dice que no, que le siempre le vienen los dolores de cabeza cuando está **nerviosa**.

«¿Duerme lo suficiente?», le pregunta. Ella no lo sabe.

Después de otra exploración el médico le receta unas pastillas contra el nerviosismo, estrés y valium para dormir. La señora Meyer tiene una **caja** llena de pastillas en casa.

Preguntas

¿Qué explora el médico?

¿Cuándo vuelve la mujer al médico?

¿Cuándo tiene la mujer dolores de cabeza?

Vocabulario

dolores de cabeza: headache I **hombros:** shoulders **pastillas**: pills I ejercicios: **exercises** I **se encuentra mejor**: she feels better I **nerviosa:** nervous I **la caja** box

73. Diálogo – El tour en bicicleta

La semana pasada fui a la universidad en bicicleta. Por la calle hay dos **carriles de bicicleta**. En el lado de enfrente habçia una chica joven. Era muy guapa. Ella fue paralelamente conmigo en una dirección.

De repente, se detuvo y gritó. «¡Estás yendo **en dirección contraria!»**

Nos paramos los dos. Ella se acercó. «¿Te sabes las normas de circulación?», me preguntó.

Le dije: «Solo quería **ahorrar tiempo**».

Me respondió: «No te estás ahorrando tiempo si **haces daño a alguien**. Un accidente podría romper tu bicicleta y tal vez acabarías en el hospital. Todo esto cuesta dinero. ¡A diario hay accidentes porque la gente no tiene tiempo! ¿Te gustaría hacerte daño también?».

Yo le pregunté: «**¿Estás casada?**».

Preguntas

¿Qué había en la calle?

¿Por dónde iba la chica con su bicicleta?

¿Qué es lo primero que le dije?

Voculario

carriles de bicicleta: cycle / bicycle lanes I **en dirección contraria**: wrong/opposite direction I **ahorrar tiempo**: to save time I **hacer daño** a **alguien**: to hurt someone I **estás casada**?: are you married?

74. Diálogo - ¿Huele la gente mayor?

Sandra pregunta en el colegio a sus **compañeros de clase**:«¿Es verdad que la gente mayor huele de otra forma?»

Su amiga Ana responde: «Claro que sí, ellos huelen a podrido».

Jorge se ríe. «A podrido solo huelen **los muertos**. La gente mayor no está muerta. Ellos viven todavía».

Ana se ríe para dentro. «Bueno, entonces les llamamos maduros o como sea pero no quiero estar cerca de ellos».

Jorge levanta **la mano**. «Esperad. He visto un experimento en Youtube. Se ve como a gente mayor no huele diferente».

Los **científicos** han puesto a dormir a un grupo de gente mayor en **camisa**. Luego han hecho lo mismo con gente de mediana edad y por último con **gente joven**.

Cada persona tenía que dormir con la misma camisa cinco noches y las camisas no podían lavarse. Han pedido a **voluntarios** que olieran las camisas.

Ellos han dicho que las camisas de la gente mayor huelen mejor.

«¿Quiénes eran esos voluntarios que querían oler las camisas de la gente mayor?», pregunta Sandra.

Jorge: «Eran jubilados».

Preguntas

¿Por qué se ríe Jorge?

¿Cuántas noches tenía que dormir el grupo en camisa?

¿Qué han dicho los voluntarios?

Vocualario

huele la gente mayor?: do old people smell? I **compañeros de clase**: classmates I **los muertos:** the death I **la mano**: the hand I **científicos**: scientists I **la camisa:** shirt I **jente joven:** young people I **voluntarios:** volunteers

75. Examen de alemán en la carrera

Me llamo Frank, soy espanol y me gustaría estudi en Alemania. Para que me **acepten** en una universidad alemana necesito hablar **bastante** bie el idioma de allí. Con una **prueba de idiomas** como el DSH o el examen de alemán del instituto Goethe, puedo demostrar mis conocimientos pero como quiero estudiar **una carrera** internacional esto no es un **requisito**, por lo que puedo mejorar mis conocimientos del alemán en un curso de idiomas. Menos mal que ya hablo un poco de alemán.

Preguntas

¿Qué quiere Frank?

¿Cómo puede demostrar sus conocimientos?

¿Dónde puede mejorar sus conocimientos de alemán?

Vocabulario

aceptar: to accept I **bastante**: a lot, much, many I **prueba de idiomas**: language examen I **carrera:** career I

requesito: requirement

76. Nuestro hotel

Acabamos de llegar al hotel. Este año nos vamos de **vacaciones** a España. Hemos reservado un hotel con todo incluido. En la recepción nos dan las **llaves de la habitación**. El botones nos ayuda a llevar **las maletas** a la habitación. Es muy bonita pero las camas no están limpias y en el baño hay cucarachas que corretean de un lado para otro. Hemos contratado un **seguro de viajes**pero no **cubre** las habitaciones sucias.

Tengo una idea. Hacemos fotos de las cucarachas. En una farmacia me **compro** un medicamento contra la diarrea. Me quedo con la **factura de compra**. Después de las vacaciones **envío** la factura a mi seguro. Escribo al seguro que me puse malo en el hotel a causa de la escasa higiene. Tres meses después el seguro nos ha pagado el hotel.

Preguntas

¿Dónde pasamos las vacaciones?

¿Qué hemos contratado?

¿Cuándo nos ha pagado el seguro el hotel?

Voculario

vacaciones: vacation/holidays I **llaves de la habitación**: room keys I **las maletas**: suitcases/luggage I **seguro de viaje:** travel insurance I **cubrir:** to fit I **comprar**: to buy I **factura de compra**: sales receipt I **enviar:** to send

77. Asociaciones en Alemania

Alemania es el país de las **asociaciones**. ¿Qué es una asociación? Una asociación es muy parecida a un club, en el que gente con los **mismos intereses** se reúne **habitualmente**. Normalmente son asociaciones deportivas o comunidades que comparten aficiones. Las asociaciones tienen en Alemania una larga tradición. ¡Allí hay más de 570000 asociaciones registradas! Se calcula que hay, **por lo menos**, un número de veinte millones de afiliados en total. Alrededor del cuarenta por ciento de los alemanes acreditan ser parte de una asociación. Las actividades que se suelen hacer en estas asociaciones, tienen que ver con el deporte, el tiempo libre y el trabajo. **De todas formas** la mayoría de asociaciones son deportivas. La asociación deportiva **más conocida** es seguramente el F.C. Bayern de Múnich. La ADAC, una asociación alemana de automovilismo, es la asociación más grande en Alemania con 16 millones de afiliados.

Preguntas

¿Qué tiene en Alemania una larga tradición?

¿Cuánta gente está afiliada a una asociación?

¿Cómo se llama la asociación deportiva más conocida?

Voculario

asociaciones: associations/clubs I **mismos intereses**: same interests I **habitualmente**: regularly I **por lo menos**: at least I **de todas formas**: anyway/by all means I **más conocida**: most known

78. Nuestra esperanza, el vecino

Mi madre y yo observamos a nuestro nuevo vecin **Cada mañana** se va de casa a las ocho. Lo espiamos desde la **ventana de la cocina**. El hombre es joven y tiene un traje de chaqueta. También lleva una **corbata**. Parece muy elegante. Pensamos que es un hombre con clase. Llega y se va puntual.

Mi madre tiene también muchos amigos. A menudo **invita** a muchos amigos desconocidos a casa. Los hombres son muy amables y **regalan** cosas a mi madre. Cuando los hombres se van, nosotros vamos a comprar. Un día nos encontramos a nuestro nuevo vecino en el supermercado. Mi madre le sonrió. Empezaron a **hablar**. El hombre vino a casa y pasó tiempo con mi madre. Un mes mi madre dijo: «Nos mudamos A partir de ahora vamos a vivir en casa de Hans, nuestro vecino. Vamos a **vivir** todos **juntos**».

Preguntas

¿Desde dónde observamos a nuestro vecino?

¿Qué lleva puesto el hombre?

¿Cómo se llama el hombre?

Vocabulario

nuestra esperanza, el vecino: our hope the neighbor I **cada mañana**: every morning I **la ventana de la cocina**: kitchen window I **la corbata**: necktie I **invitar**: to invite I **regalar:** to give(as a gift) I **hablar:** to speak/to talk I **vivir:** to live I **juntos**: together

79. Mi hermano tiene molestias

Mi **hermano** Marco **se siente** muy **mal.**Desde ayer está en la cama. Sus molestias son náuseas, **dolores** de cabeza, tos y diarreas. Además, se encuentra totalmente **agotado**. Mi padre lo lleva al médico y le explica las molestias y este lo explora. El médico descubre que Marco tiene una **intoxicación alimentaria**. ¡Eso es muy **peligroso**! El médico también dice que Marco tiene que reposar en la cama y tomar medicamentos. **Dos veces al día** tiene que tomarse unas pastillas.

Mi hermano **piensa** que su intoxicación la causó el kebab que se comió el día anterior.

Preguntas

¿Desde cuándo está Marco en la cama?

¿Qué descubrió el médico?

¿Qué tiene que tomarse Marco?

Vocabulario

el hermano: brother I **se siente mal:** he/she feels bad I **dolores**: pain I **agotado**: exhausted I **intoxicación alimentaria**: food poisoning I **peligroso:** dangerous I **dos veces al dia:** two times a day I **pensar:** to think

Spanish Short Stories for Intermediate Learning Level

80. Pascua

La pascua es normalmente en España una fiesta para toda la familia. La noche antes de que empiece, se tiran muchos fuegos artificiales **en el campo**. Allí se reúnen amigos, conocidos y familiares. Si hace **buen tiempo**, también se hace **barbacoa** y se toca música. La pascua es una tradición antigua en España.

A los niños les suele encantar la mañana del domingo de Pascua. La noche anterior los niños pintan **huevos de colores** y los esconden en la casa y en el jardín. La mañana del domingo de Pascua otros niños tienen que **buscar** los huevos y se ilusionan cuando los encuentran pero no siempre lo consiguen. Algunos meses después puede darse el caso de que huela a podrido en la casa. El olor es causa de los viejos huevos **podridos** que no fueron encontrados

Preguntas

¿Qué es lo más importante para los niños?

¿Dónde esconden los niños los huevos?

¿De dónde viene el olor?

Vocabulario

la pascua: Easter I **en el campo:** in the countryside I **un buen tiempo:** a good time I **huevos de colores**: colorful eggs I **buscar**: to search/to look I **podridos** rotten

81. Cultura española

Estoy sentado con varios estudiantes en un café. Tenemos un **encuentro** internacional. Americanos, franceses y españoles están sentados en una **mesa** y debaten.

El americano pregunta: «¿Qué es realmente la cultura española?».

A eso le respondo:«**Puede ser muchas cosas**.La comida, la idioma, literatura, teatro, arte o la forma en la que nos comunicamos».

«¿El **comportamiento** también pertenece a la cultura?», pregunta el Americano.

«El comportamiento, por lo general, sí», responde el francés.

«Cuando yo me comporto **soy educado**», dice el Americano riéndose.

«Más o menos».

«¿Se puede decir en España que yo tengo cultura y tú no?», pregunta el francés.

«No, **eso sería arrogante**», le afirmo.

Preguntas

¿Cuántas nacionalidades hay en la mesa?

¿El comportamiento pertenece a la cultura?

¿Qué es lo que no se puede decir en España?

Vocabulario

encontrar: to meet I **la mesa:** the table I **puede ser muchas cosas**: can be many things I **el comportamiento:** behavior I **soy educado**: I'm educated I **eso sería arrogante**: that would be arrogant

82. Las llaves

Hoy voy con retraso. Tengo que ir conducir muy rápido para **ir al trabajo**. Me meto en el coche y salgo. Cuando ya estoy en la autopista, no estoy seguro de haber cogido las llaves de casa. Me toco los **bolsillos**. «¡Dios mío! He **olvidado** mis llaves», grito.

Doy la vuelta y conduzco hacia casa. Me paro directamente delante de la puerta, aunque normalmente ahí no se puede aparcar. Vivo en la séptima planta y subo **las escaleras** rápidamente. En mi piso busco las llaves y tras diez minutos las encuentro. ¡Me había **dejado** las llaves en una chaqueta! Vuelvo rápidamente al coche. Miro a mi alrededor. ¿Dónde está mi coche?

Preguntas

¿Qué grito?

¿Por qué doy la vuelta?

¿Dónde busco mis llaves?

Vocabulario

las llaves: the keys I **ir a trabajo:** to go to work I **el bosillo:** the bag I **olvidar**: to forget I **doy la vuelta**:I turn around I **las escaleras**: the stairs I **dejar**: to leave

83. Una postal desde Gran Canaria

La señora Gómez ha **llamado** hoy a los operarios. Su **calefacción** se ha estropeado y hace **ruidos.** Ella vive sola y está contenta de que por fin hayan llegado a medio día los operarios. **El equipo** de trabajo está compuesto solamente de un **jefe** y su aprendiz. El jefe se pone inmediatamente manos a la obra y ve una válvula que había estallado. En seguida quiere **mostrar** a la mujer el trozo, cuando la señora viene con un par de copas de grapa. «Señores, antes de comenzar, reponed fuerzas». Tras cinco minutos llega la señora Gómez y traiga otra ronda. Los hombres le hacen caso y terminan sus copas. El jefe ordena al aprendiz que **vuelva** a la oficina para conseguir una pieza de repuesto. Cuando el aprendiz regresa a las dos horas de nuevo, **nadie** abre **la puerta**. Al día siguiente el jefe tampoco se encuentra en la oficina. El jefe permanece desaparecido. Tras una semana llega el correo a la oficina. Una postal del jefe. La postal viene desde Gran Canaria y el jefe dice que está d

luna de miel.

Preguntas

¿Cuándo llegan los operarios?

¿Por qué tiene que volver el aprendiz a la oficina?

¿Desde dónde viene la postal?

Vocabulario

llamar: to call I **calefacción:** heating I **ruido:** loud/noisy I **el equipo**: team I **el jefe:** the boss I **monstrar:** to show I **volver:** to come back/return I **nadie:** nobody I **la puerta:** door I **luna de miel:** honeymoon

84. El tratamiento

Rafael va a cumplir el mes que viene treinta años. Desde hace más de diez años f**uma** tabaco. Ha intentado por todos los medios dejar de fumar. Necesita un **tratamiento.** Se ha enterado de casualidad, a través de un conocido, que en el mar Mediterráneo hay una pequeña isla deshabitada que pertenece a España. ¡El lugar ideal para dejar de fumar!

Tras una semana, Rafael está en la isla. Tiene pensado quedarse una semana. El último paquete de tabaco lo **tira** en unos arbustos. Después de tres días Rafael está muy **aburrido**. Casualmente encuentra una botella de whisky entre los arbustos. No tiene otra cosa que hacer más que beberse el whisky. ¡**De repente**, escucha música! En la esquina hay un hombre viejo sentado delante de una cueva escuchando música y fumándose un cigarro.

«¿Qué está haciendo aquí?», pregunta Rafael

El hombre viejo también está sorprendido.

«Estoy aquí para dejar el alcohol, ¿Y usted?»

«Yo por el tabaco. ¿Es esta su botella de whisky?»

«Sí. Y me imagino que esto es su paquete de tabaco, ¿Verdad?»

Rafael asiente. Él está muy mareado. «¿Puede devolverme mis cigarrillos? »

«**Por supuesto**, si tu también me devuelves la botella de whisky».

Al final los hombres llegan a **un acuerdo.**

Preguntas

¿Cuánto tiempo tiene pensado Rafael quedarse en la isla?

¿Qué hace Rafael con su último paquete de tabaco?

¿Por qué está el hombre viejo en la isla?

Vocabulario

el tratamiento: treatment I **fumar:** to smoke I **tirar:** to throw I **aburrido**: boring I **de repente**: suddenly I **po supuesto:** of **course** I un acuerdo

85. Orden en el restaurante

Una **paraja** de Madrid está de vacaciones en Fuengirola, que es un lugar conocido de la Costa del Sol. Se sientan en un restaurante del paseo marítimo y quieren pedir **comida.** Finalmente llega el camarero.

Les trae dos **cartas del menú** y desaparece de nuevo. La pareja mira las cartas. El hombre se da cuenta de que hay restos de kétchup **seco** en la carta y se le revuelve el estómago del **asco.** El camarero está cobrando a otros clientes y va hacia la pareja con dos **vasos** de agua. Sujeta con sus dedos los vasos por el borde y los pone encima de la mesa.

La mujer dice a su marido. «Estoy viendo **las huellas de sus dedos** en los vasos. Asqueroso, ¿Puedes decirle al camarero que nos traiga otros dos vasos?»

«Entonces el camarero querrá saber el por qué y tendremos que discutir con él».

«Pues pregúntale si puede traernos dos botellas de agua selladas».

«Si las pedimos tendremos que **pagarlas** a parte».

«Acabo de recordar que tenemos botellas de agua en el coche. Voy a por ellas».

«Buena idea. Trae también las botellas de agua con **jabón** para que podamos limpiar antes aquí».

Preguntas

¿Qué ve el hombre en la carta?

¿Qué ve el hombre en los vasos?

¿Por qué tiene que traer el hombre agua con jabón?

Vocabulario

la pareja: a couple I **comida**: food/meals I **cartas del menú:** the menu I **vasos**: glasses I **seco:** dry I **asco**: disgust I **las huellas de sus dedos**: fingerprints I **pagar**: to pay

86. El torero

Jessika está desde hace una semana de vacaciones en España para **disfrutar** de un viaje a Madrid y Sevilla. Aunque no está aquí solo de vacaciones, sino que también quiere sumergirse en la cultura española. Una mañana ve un **cartel** pegado a **un muro**. El fin de semana tendrá lugar una corrida de toros. En el cartel se puede ver un torero famoso muy elegante en su traje de luces. Jessika se compra las entradas para el emocionante espectáculo. Hace una tarde calurosa y después de que salieran al ruedo muchos toreros **desconocidos**, por fin es el turno de su héroe. El público vitorea cuando el toro bravo intenta dar una cornada al capote. La plaza se llena de **polvo** y se puede ver cómo el torero clava sus banderillas en el animal. De repente, el público grita y Jessika no puede ver nada entre la salvaje **muchedumbre**. La gente dice que el torero puede haber sido herido. Jessika se va de la plaza por la tarde un poco **triste**. Un animal precioso fue brutalmente asesinado y un hombre ha sido herido. ¿Qué **sentido** tiene este espectáculo? Jessika tiene que tranquilizarse y busca algunos bares de tapas. ¡Cervezas a un euro! ¡Qué bonita puede ser España! Las tapas están fantásticas y pregunta al camarero de qué están hechas las mismas. Criadillas fue la respuesta. Jessika ha aprendido mucho en este día. Otros países, otras **costumbres**.

Preguntas

¿Por qué viaja Jessika a España?

¿Por qué grita el público?

¿De qué están hechas las tapas?

Vocabulario

disfrutar: to enjoy I **el cartel:** sign I **el muro:** wall **desconocidos**: unknown I **polvo**: dust I triste: sad I **sentido:** sense I **muchedumbre:** crowd I costumbres customs

87. Una relación casi romántica en el lado oscura de la luna

Al **fin del siglo** 21 se extrajo grandes cantidades de bauxita y níquel de **la luna** y se transporta a la tierra. **Grandes biosferas y fábricas** cerradas, igual que **el intercambio** regular de **trabajadores** era normal.

Albert Gonzales y su mujer Sofia Fernandes, **pertenecían** a los primeros **matrimonios** que recibieron los contratos **de largo plazo** que eran muy deseados para **empleo** en la luna.

El complejo industrial estaba localizado en el **lado oscuro de la luna** y la familia Gonzales ya había estado más de 11 meses en la estación como investigadores y supervisor técnico. **En navidad** casi todo los trabajadores **volvieron** a la tierra y solamente **un equipo** de emergencia se quedaron sobre los días festivos.

Un domingo por la mañana **de repente se apagaron las luces.** Enseguida la luz de emergencia se puso en marcha. **El dormitorio** de la familia estaba iluminado con un rojo oscuro que a Albert le recordaba a **las películas viejas** de submarinos.

La familia Gonzales **se sorprendía** sobre el corte de luz. Por que pasaba esto justamente en navidades? **Hace dos años lo mismo paso**, y también en navidades. Sofía le recordaba a Albert que este año tampoco habían recibido la paga extra de navidad.

“Crees que **lo han hecho adrede**?” preguntó Albert a su mujer. “Puede ser”, le contesto Sofía. “La compañía **nos debe dinero** desde meses y hemos recibido continuamente cartas de ellos.

“Sí, **nos ofrecieron muchas veces** de trabajar en la tierra.”, “Y terminar nuestro contrato con anticipación.” Continuaron discutiendo para un rato hasta que de repente vieron humo ligero que ascendía del suelo. “Albe aquí hay **humo**, tiene que haber **fuego** aquí!”

De repente **no podían respirar**, estaban tosiendo. Entonces todo se volvió negro. **Silencio**. Y hubo luz. Entonces se oyó ruido, como agua.

Hubo voces. Albert volvió en sí.

Notó que estaba acostado en una cama.

Abrió los ojos. Era una luz rara, podía ver a figuras en vestimentas blancas. Una cara se inclinó sobre su cabeza.

Era un animal? No sabia lo que era. La voz parecía artificial. **Estas seguro aquí. Te quedas con nosotros**. El resto de tu vida, te necesitamos.”

Albert no podía seguir pensando y la luz artificial y las voces artificiales le rodearon hasta el fin de su vida.

Resumen

Una joven pareja de trabajo como científico en una empresa minera en la luna. La mayoría de los trabajadores han dejado cuando un accidente ocurre. Después de un coma, el hombre se despierta rodeado de criaturas extrañas

Vocabulario

fin del siglo - end of the century

la luna - the moon

grandes biosferas y fábricas – large biospheres and factories

el intercambio - the exchange

trabajadores - workers

pertenecían - they belonged

matrimonios - marriages

de largo plazo - long-term

empleo - employment

lado oscuro de la luna - dark side of the moon

navidad - Christmas

volver - return

un equipo - a team

de repente se apagan las luces – suddenly the light went out

dormitorio - bedroom

las películas viejas - the old movies

se sorprendía - he was surprised

hace dos años lo mismo pasó - two years ago the same happened

lo han hecho adrede - they have done purposely

nos debe dinero - owes us money

nos ofrecieron muchas veces – they offered us many times

humo y fuego - smoke and fire

no podían respirar - they could not breathe

abrió los ojos - he opened his eyes

estas seguro aquí - you are safe here

te quedas con nosotros - you stay with us

88. El queso huele de todas partes

Juan Alonso **se había enamorado**. Desde un par de semanas tenía una **novia nueva**. Su novia nueva era una dama de cincuenta años, que trabajaba en el mercadillo y se iba **por la tarde** a la biblioteca. Juan se había **jubilado** hace un año. **Tenía mucho tiempo libre** y cuando no se iba a la biblioteca a leer libros se iba a las tiendas, normalmente solamente **para mirar** lo que había. En la biblioteca pequeña, veía desde

semanas a una mujer de **su edad** que estaba leyendo libros. Después de algún tiempo empezaron a hablar.

La señora decía que trabajaba por la mañana en **una tienda pequeña de queso** en el mercado. Y cuando cerraba el mercado por la tarde se iba a la biblioteca **a descansar**. Los dos tenían una afición. A los dos les encantaba leer libros clásicos y libros de cocina. Juan nunca la visito en el mercado, pero después de un par de horas en la biblioteca **a veces** se iban juntos a beber un café.

Un día Juan invito a la señora a su casa. **Quería cocinar para ella**. Juan era un buen cocinero de la cocina española. Se encontraron varias veces en casa de Juan y **al cabo de un par de semanas** empezaron a salir juntos.

Pero la relación no estaba sin problemas. Juan no le gustaba como la señora olía. **Le dijo completamente honesto que olía a queso**. Y por eso tampoco quería seguir a invitarla a su casa. Juan pensaba que su dormitorio olía a queso cada vez después de que la señora le había visitado.

Un día después de que Juan le había dicho otra vez que olía a queso, se enfadó con él. Le dijo que en realidad no está trabajando en el mercado. Le dijo que en realidad **está en el paro**. Juan le respondió que el en realidad tampoco está jubilado.

"Pero que es tu trabajo real", le preguntó **Juan.**

"Doy masajes de pies", respondió la señora.

"Y que haces cuando no estás en la biblioteca", quería saber la señora. "Trabajo en un **puesto de cerdos.** Pero menos mal solamente por la mañana."

Resumen

Una pareja de edad mayor se ha conocido en la biblioteca. La mujer dice que vende queso y el hombre dice que es jubilado. El hombre se queja sobre el olor en el dormitorio, pensado que viene del queso. Se pelean. Al fin se cuentan sus empleo verdaderos.

Vocabulario

se había enamorado - *fell in love*

novia nueva - *new girlfriend*

por la tarde - *afternoon*

jubilado - *retired*

tenía mucho tiempo libre - *had a lot of free time*

solo para mirar - *just to look*

su edad - *her/his age*

una tienda pequeña de queso - *a small cheese shop*

descansar - *to rest*

a veces - *sometimes*

quería cocinar para ella - *wanted to cook for her*

al cabo de un par de semanas - *after a couple of weeks*

le dijo completamente honesto que olía a queso - *told her honestly that she was smelling of cheese*

un día después - *one day later está*

en el paro - *being unemployed*

pero que es tu trabajo real - *but what is your real work*

puesto de cerdos - *pig stall*

89. El club de reseñas

Diana es originalmente de Londres y viva ya desde hace casi un año en España, cerca de la ciudad Marbella. Una **parte de su apartamento lo alquila** y además gana un poco de dinero por su **tienda en línea.**

Publica libros de autosuficiencia Enel internet , la mayoría son libros para hacer dietas. Diana se siente muy bien en España, lo único que le falta es un par de contactos útiles. **No es fácil de hacer amistades y contactos como extranjero en España**, ya que la mayoría de los extranjeros vienen de países diferentes.

Diana tiene una idea. Por que no fundar un club pequeño? Un club nuevo de gente con los mismos intereses. Pone un anuncio en una página web para **expatriados** conocida. "Artistas y autores se reúnen para **reseñas mutuas**."

De hecho al próximo domingo se reúnen un par de extranjeros de diferentes países a tomar un café. **La gente se cae bien** y hablan libremente sobre sus libros. La mayoría de ellos publican sus libros en compañías famosas.

La mayoría ya han publicado y algunos ya tienen un libro que van a publicar próximamente.

El grupo establecen un sistema. Todos los miembros reciben el nuevo libro por correo electrónico. Después de que cada miembro haya comprado el libro nuevo se publica **un reseño positivo** en el internet. Después de pocas semanas el club es un éxito total.

Un día recibe un correo electrónico de un miembro nuevo que **acaba de publicar su libro nuevo**.

Diana está sorprendida cuando lee el título del libro: "**El hueso malo** – El negocio depravado de reseñas falsificadas".

Resumen

Diana vive en España y busca contactos sociales. Funda un club en el que se encuentran artistas y autores. Los artistas intercambian reseñas buenas.

Vocabulario

parte de su apartamento lo alquila -

parts of the apartment are rented

tienda en línea - *online business*

No es fácil hacer amistades y contactos como extranjero en España

It is not easy to make friends and contacts as a foreigner in Spain

***reseñas*mutuas -** *mutual reviews*

la gente se cae bien - *people who get along well*

El grupo establecen un sistema -

the group established a system

acaba de publicar su libro nuevo - *just published his new book*

El hueso malo - *the rotten core*

Spanish Short Stories for Beginners and Intermediate Learners with English Parallel Text

90. El eremita

Algunas personas dicen que Michael Gomez es **un eremita,** pero eso es solamente correcto parcialmente.

Es correcto que vive aislado en Andalucía cerca de la ciudad Granada a las **afueras de un pueblo**. Un eremita normalmente no tiene casi cosas materiales y así es el caso con Michael. No tiene electricidad. Pero tiene **una estufa** y fuera de su casa ha conectado un generador.

Agua hay suficiente, ya que **detrás de su casa** el agua cae del techo por una pared y desaparece en el suelo. Por lo demás lo tiene **amueblado**. Tiene una cama grande y un **aseo camping** que lo ha construido el mismo.

Una vez a la semana **se va con la bicicleta** a

Granada, donde compra en el supermercado. Michael aún tiene un sueño, quiere **un váter moderno**, y aún más importante, una ventana panorámica real y cerrada. El problema es que su casa tiene **varias entrada** y por delante una entrada gigante de cinco metros de **anchura.** Normalmente la entrada siempre se queda abierta, porque **no cabe** ninguna puerta y la lámina de plástico no ayuda siempre, sobre todo no ayuda en el invierno.

Pero la vista desde esa entrada gigante es maravillosa. Ve un valle vasto y los montañas opuestas. Un día quisiera ser arquitecto y **si no le sale** entonces igual artista.

Un problema adicional es que **no cabe** ninguna puerta y ninguna ventana a la forma poco común de la entrada gigante.

Amigos dicen que como Michael vive en una cueva donde hace diez mil años vivían osos y gent neandertal, es imposible **montar** una ventana panorámica.

The hermit

Some people say Michael Gomez is a hermit, but that's only partly true.

The truth is, he is living isolated in Andalucia near the city of Granada. A hermit is often poor in material things and this also applies to Michael. He has no electricity. But he has a stove and outside of his house he has connected a generator. There is enough water; in the back area of his dwelling the water virtually flows off the roof and down the wall until it disappears into the floor. Otherwise, he is well equipped. He has a big bed and a homemade camping toilet.

Once a week he drives with his bicycle to Granada where he goes shopping in the supermarket.

Michael has a dream, he wants a modern toilet

and, even more important, a real, closed panoram window. The problem is, his dwelling has several smaller entrances and to the front a huge, over fiv meters wide entrance. The entrance is actually opened most of the time because there is no door that fits and plastic foil doesn't help if it's cold anc raining outside.

But the view out of this enormous entrance is fantastic. Michael lives surrounded by mountains and woods and from here he can look at a wide valley and at the opposite mountains. The view inspires Michael. One day he wants to become an architect, if this doesn't work, maybe a writer or artist.

Another problem is that no door and no window fits into the unusual form of this huge entrance.

Friends say that it's impossible to install a panorama window there, since Michael is living in a cave where ten thousand years ago bears and Neanderthals used to live.

Resumen

Michael vive como eremita y sueña de instalar una ventana panorámica grande. Pero no es posible instalar una ventana panorámica si se vive en una cueva.

Vocabulario

el eremita - the hermit

afueras de un pueblo - outside the village

detrás de su casa - behind the house

una estufa - a stove

se va con bicicleta - he goes by bicycle

varias entradas - different entrances

aseo camping - camping toilet

amueblado - furnished

una cueva - a cave

anchura- width

si no le sale- if it doesn't work

no cabe montar - it cannot be installed

91. Noche de barbacoa

Marco y Paula tienen hijos mayores que todavía viven en casa, a pesar de que el matrimonio se separó recientemente.

Por suerte Marco tiene **un piso pequeño** en la ciudad y le ha dejado la casa familiar a Paula y los niños. Los padres de Paula ya tienen setenta años y tendrán **bodas de plata** el fin de semana.

Por fin es una verano **maravilloso** y caliente y el padre de Paula, Alberto tiene una idea. Porque no hacer una barbacoa en **el jardín** de Marco por la noche. Amigos, los niños y relativos, todos se juntarían. Además Alberto siempre se han entendido bien con Marco. Ya que los dos son **cazadores** en el club de caza. Separación o no, iba a ser una buena noche de barbacoa.

Alberto espera una confirmación para el **fin de semana.**

Hay que convencerle a Paula muchísimo, de que justamente Marco sea el **jefe de la barbacoa** en su propio terreno.

Marco acepta. El sábado **por la tarde** ha llegado e momento. La parrilla está encendida mientras los niños juegan y los adultos beben cerveza.

Alberto ayuda a Marco con la barbacoa aunque le cuesta mucho, ya que hoy se ha olvidado sus gafas

De repente, Marco se acuerda de que tiene un regalo para Alberto.

Un cuchillo de caza grande con mango de asta!

Marco le explica que es un cuchillo muy especial, de la marca española tradicional Muela, un **cuchillo para coleccionistas**!

La **noche maravillosa** se esta acabando. Cuando Marco se quiere ir, Paula le da un beso y le dice que quiere hablar con el mañana. El domingo se encuentran Marco y Paula. Ella está muy agradecida por la noche fantástica de la barbacoa. Los dos llevan una conversación y al final Paula le ofrece a Marco de **volver a vivir juntos** por los niños.

Y efectivamente, una semana mas tarde la familia vuelve a vivir juntos. Marco esta **muy contento**, ya que el cuchillo barato que había comprado en su ultimo **viaje de soltero** en Tailandia, tuvo el efecto prometido.

The barbecue evening

Marco and Paula have children who still live in their house, but the couple has been separated for a short time.

Fortunately, Marco still has a little flat in the city and has left the house to Paula and the children.

Paula's parents are already eighty years old and have a silver wedding anniversary at the weekend.

It's a beautiful, warm summer afternoon and Paula's father Alberto has an idea. Why shouldn't they arrange a barbecue evening in the garden of Marco. Friends, the kids and relatives – all of them would come. Besides, Alberto has always liked Marco. After all they are both hunters in a hunting club. Break-up or not, it would be a great barbecue evening.

Alberto calls his daughter and expects a promise for the weekend.

It costs Paula a lot of conviction that Marco should be the grill master in his own garden.

Marco agrees. Saturday in the afternoon the moment has arrived. The grill is turned on while the children are playing and the adults are drinking beer.

Music is blasting out of an old stereo. Alberto helps Marco at the grill although it is difficult for him and he had forgotten his glasses. Suddenly it comes into Marcos' mind that he has a present for Alberto.

It's a big hunting knife with a horn handle!

Marco explains that this is a very special knife from the traditional Spanish brand Muele. A knife *for collectors! The beautiful evening has come to an end. As Marco is about to leave, Paula gives him a kiss and says that she wants to talk to him the next day. On Sunday Marco and Paula meet again. She feels very grateful for the splendid barbecue evening.*

They have a conversation and Marco tells her, that during their relationship not everything has been bad. Paula makes a proposal to Marco, for the children they could live together again.

Indeed, after one week the family moves together again. Marco is very happy, especially because the cheap knife which he bought on his single vacation in Thailand didn't fail to make an impression.

Resumen

Marco y Paula se han separado. Por la boda de plata de sus padres, se organiza una barbacoa para toda la familia. Marco le regala al padre de Paula un cuchillo de caza. Paula vuelve a vivir junto con Marco. Marco había comprado el cuchillo de caza en Tailandia.

Vocabulario

el matrimonio de repente - sudden marriage

no viven juntos - don't live together

piso pequeño - small apartment

bodas de plata - silver wedding

maravilloso - terrific

el jardín - the garden

cazadores - hunters

fin de semana- weekend

jefe de la barbacoa - grill master

por la tarde - afternoon

un regalo para coleccionistas - a gift for collectors

volver a vivir juntos muy - moving back together

contento - satisfied

viaje de soltero - trip for singles

un cuchillo especial - es special knife

92. La mujer de limpieza

María es polaca y trabaja de **mujer de limpieza** dos veces a la semana en una casa. La casa **pertenece** a la señora Sánchez, que vive sola a las afueras de Londres. Su hijo le visita **de vez en cuand**o. Su hijo esta **desempleado** y recibe dinero de su madre. El hijo vive con un amigo pero viene muchas veces por la mañana a la casa de la madre y **ve tele.** Si hace bueno tiempo, se siente fuera en la terraza y bebe cerveza. Maria **tiene que llevar** las botellas de cerveza vacías al **sótano.**

Señora Sanchez trabaja en una fabrica y llega a casa **tarde**. Ella habla muchas veces por teléfono con su hijo y también con Maria.

Un día el hijo aparece ante Maria y le dice: “Me voy **un par de semana** a un otro pais a visitar mis relativos. No se lo digas a mi madre. Deja qu parezca que aún esté aquí **a menudo.”**

“Ningún problema”, dice Maria.

Los días siguientes todo parece estar norma Señora Sanchez llama a Maria y pregunta si tod esta bien.

“Sí, señora Sanchez, todo está bien”, dice Maria qu está **sentada en la terraza** y bebe cerveza. La botellas vacías las llevara al sótano.

The maid

Maria comes from Poland and works twice a week as a maid in a big house. The house belongs to Ms. Sanchez who is living alone. Once in a while her son comes for a visit. Her son is unemployed and receives money from his mother.

The son lives at a friends' place. He often comes in the morning hours to his mother house and is watching TV. If the weather is fine he sits on the terrace and drinks beer. Maria has to carry the empty beer bottles into the basement.

Ms. Sanchez works very hard. She works in a factory and comes home very late. But she often calls her son and sometimes Maria.

One day the son ask Maria for a favor. He says: "I'll be on a trip to another country for a few weeks. But don't tell it my mother. Make it appear as everything is normal."

"No problem", says Maria.

The next few days everything seems to be normal. Ms. Sanchez calls Maria and asks if her son still was at home and if all is okay.

"Yes, Ms. Sanchez, everything is alright." Maria is sitting on the terrace and drinking beer. She'll carry the empty bottles in the basement.

Resumen

Maria trabaja de mujer de limpieza en una casa donde vive una mujer que trabaja por el día y su hijo viene muchas veces a su casa para beber cerveza. El hijo se da viaje a España y Maria hace como si todo estuviera normal y bebe su cerveza.

Vocabularios

mujer de limpieza I cleaning maid

pertenece I belongs

de vez en cuando I sometimes

desempleado I unemployed

ver tele I watching TV

tiene que llevar I has to bring

sótano I basement

tarde I late

a menudo I often / a lot

los días siguientes I the following days

sentada en la terraza I sitting on the terrace

93. El comerciante de arte

En tiempos pasados Werner Schultz era actor en el teatro. En Berlín era bastante conocido, y había logrado recibir un papel importante para una serie de televisión en la cual actuaba de criminal creíble. Señor Schultz aparentemente **nunca fue pobre** y siempre se había interesado por el arte y las antigüedades. Ahora tenía mas de cincuenta años y recibía **menos ofertas** para películas y el teatro. De todas formas señor Schultz se había hecho, a la misma vez que ser actor, famoso como pintor de cuadros. Se puede decir que señor Schultz era un artista real y también un **amador del arte,** también porque tenía conocimiento amplio, sobre todo de cuadros antiguos. Conocía bien a los impresionistas del sigo 19. **Después de tantos años** como, artista, actor y experto de cuadros, señor Schultz era un hombre apreciado en las tiendas de antigüedades y las galerías.

Señor Schultz compraba muchos cuadros y antigüedades en las tiendas y las galerías de arte. Pero más grande era su reputación de ser **un buen proveedor**. La calidad de sus cuadros y la mercancía que vendía era excelente.

Un día se pudo leer en el periódico que el famoso **comerciante de arte** y actor Werner Schultz había muerto. **Nadie sabía de que se había muerto**. Señor Schultz no tenía familiares, por eso periodistas buscaron a amigos y parientes. Hace poco los periodistas encontraron lo que buscaban. Señor Schultz era **un pariente lejano** de Hermann Göring.

The Art Dealer

In former times Werner Schultz was an actor in a theater. In Berlin he was well known, and had managed to get an important role for a television series in which he acted as a credible criminal. Mr. Schultz apparently was never poor and had always been interested in art and antiques. Now he was over fifty years old and received fewe offers from movies and theaters. But Mr. Schultz had also become quite famous as an art painter. It can be said that Mr. Schultz was a real artist an a connoisseur of art, because he had wide knowledge, especially of antique paintings. He wa well acquainted with the Impressionists of the 19tl century. After many years as an artist, actor and painting expert, Mr. Schultz was a welcomed customer in many antique shops and art galleries. Mr. Schultz bought many valuable oil paintings and antiques in antique shops and galleries.

But his reputation for being a good supplier was even greater. The quality of his paintings and the merchandise he offered to sell was outstanding.

One day newspapers reported that the famous art dealer and actor Werner Schultz had died. No one knew that he had died since Mr. Schultz had no relatives, therefore journalists were looking for friends and relatives.

Recently, journalists found out what they were looking for. Mr Schultz was a distant relative of Hermann Göring.

Resumen

Un actor coleccionaba arte y antigüedades. Es muy popular y provee mucha mercancía para las tiendas y subastas Después de la muerte del hombre, se descubre que era un pariente de Hermann Göring.

Vocabulario

En tiempos pasados I in old/past times

nunca fue pobre I was never poor

menos ofertas I less offers

después de tantos I after so many

amador del arte I art lover / connoisseur of art

un buen proveedor I a good provider

un comerciante de arte I art dealer

nadie sabía de que se había muerto I nobody knew that he died

un pariente lejano I an old relative

94. Un mundo nuevo

Hasta el día de hoy, Ben Iglesias no ha podido explicarlo. Que había pasado realmente? **Su vida no era peor que antes**. Pero lo extraño era, que el sentimiento de no pertenecer aquí no se iba. Pero eso ya **no era tan importante**.

Todo empezó con el vuelo de vuelta de marte a la tierra un viaje que estaba planeado desde mucho tiempo. Para su **tripulación** de cuatro era el primer viaje, para Ben su quinto.

Al entrada de la órbita de tierra, apareció para un par de segundos **una luz titulada**, señales de alarma tocaban en todas partes. Y entonces perdió el conocimiento.

Pero lo más extraño era que **la nave espacial** ya había aterrizado, y todos los instrumentos estaban muertos

Era imposible de ver cuánto tiempo había pasado desde el accidente. Los instrumentos se volvían locos. El tiempo, los datos de coordenada de la tierra y de la nave no podían ser correctos. Más importante era el facto que no había contacto con l base. Todo parecía muerto.

Ben miró para un par de segundos por la ventana. ¿Dónde estaba el Mar Caribe? Se suponía que estaba en Cuba, pero bajo de nave todo estaba amarillo y marrón.

Ben salí de nave y vio un desierto blanco hasta el fin del horizonte. Había mucho calor y sólo había 60% de oxígeno en la atmósfera.

Bruscamente él no podía creer lo que veía.

Despacio pero sin duda, se acercaba un grupo de humanos. Lo rodeaban y no decían nada. Ben no tenía miedo, porque **no parecían agresivos**, pero completamente diferentes.

La gente era pequeña, eran mujeres y un par de hombres y parecían como.... quemados? Eran aborígenes de Australia? Había algún parecido pero estaban delgadisimos, casi como esqueletos y pequeños como niños. Le dieron agua a Ben y **una señal de seguir al grupo**.

Después de un camino largo llegaron a una valle pedregoso, donde había agujeros pequeños que eran entradas a cuevas oscuras gigantes. De algún sitio de ahí abajo venían ruidos de agua.

Eso eran las primeras impresiones de Ben. **Cuanto**

tiempo había vivido ahora aquí? Ben estima que unos tres años ya esta viviendo con estos humanos. Al principio el idioma era los mas difícil. Ahora eran como su familia. Su esposa que tenía era cuatro cabezas más pequeña que el pero funcionaba. Siempre le sonría. La vida antes ya no era importante. Ben se sentía bien, su mujer que tenía los ojos de un gato negro y cada día se estaba riendo más, se había **quedado embarazada.**

A new world

To this day, Ben Iglesias has not been able to explain it. What had really happened? His life was no worse than before. But the strange thing was, that the feeling of not belonging here was not going away. However, that was not important anymore.

It all began with the return flight from Mars to earth, a journey which had been planned for a long time. For his crew of four it was their first trip, for Ben it was already his fifth.

As they entered the earths' orbit, a flickering light appeared for a couple of seconds, alarm signals were ringing everywhere. And then he lost consciousness.

When he woke up his crew was dead and the spacecraft was on emergency electricity, but the strangest thing was that the spacecraft had already landed and all the instruments were dead.

It was impossible to see how much time had passed since the accident. The weather, the coordinates, the data of ship could not be correct. More important was the fact that there was no contact with the base. Everything seemed dead.

For a couple of seconds Ben looked out of the window. Where was the Caribbean Sea? He was supposed to be on Cuba, but under the ship everything was yellow and brown.

Ben exited the spaceship and saw a white desert until the end of the horizon. It was very hot and the atmosphere had only 60% oxygen.

Suddenly, he could not believe what he saw. Slowly but surely, a group of humans approached. They surrounded him and said nothing. Ben was not afraid, because they did not look aggressive, but completely different.

The people were small, they were women and a couple of men and they looked like .... burned? Were they Australian Aborigines? There was some resemblance, but they were very thin, almost like skeletons and small as children. They gave Ben water and signaled him to follow the group. After a long walk they came to a valley of stones, covered with small holes that were entrances to giant dark caves. From somewhere down there came the sound of water.

That was Ben's first impression. How long had he lived here now? Ben estimated that he had already lived with these creatures for about three years. At first, the language was the most difficult part. Now they were like his family. His wife was four heads smaller than him, but it worked. She always smiled at him. Life was no longer important. Ben felt good, his wife had the eyes of a black cat and every day she laughed more, she had become pregnant.

Resumen

En el vuelo de vuelta de Marte una nave espacial entra en un agujero de tiempo. Después de volver a la tierra, el planeta y los humanos se han cambiado completamente. El astronauta deja embarazada a una persona de una especie nueva.

Vocabulario

su vida no era peor que antes I his life was no worse than before

todo empezó con I it all started with

no era mas importante I it wasn't important anymore

la tripulación I the crew

una luz titilando I in a dim light

nave espacial I space ship

cerca de la tierra I near earth

no había contacto con la base I there was no contact with the base

miro para un par de segundos por la ventana I looked for a few seconds out of the window

el aterrizaje fue sin problemas I the landing was smooth

bruscamente el no podía creer lo que veía I suddenly he couldn't believe what he saw

no parecían agresivos I didn't seem to be aggressive

una señal de seguir I a sign to follow

cuánto tiempo había vivido ahora aquí I how long he had lived here

95. Airbnb, la sombra misteriosa y el revólver

A Ana Garcia le encanta Airbnb. Ya es la tercera vez que se pasa sus vacaciones en un apartamento de Airbnb.

Para todo un mes Ana se ha metido en un apartamento grande. El dueño del apartamento es un hombre viejo que se pasa la mayoría de su tiempo en su habitación mirando la tele. A Ana le encanta la juerga.

Una noche vuelve al apartamento.

La televisión en la habitación del dueño está sonando muy fuerte. Pega contra la puerta. Nadie contesta. Abre la puerta y entra a la habitación.

Ana chilla fuerte. Anna está fijada en el hombre viejo, que está sentado en el sofá. Su boca y sus ojos están abiertos y su cabeza está llena de sangre, en su mano tiene un revolver. El hombre viejo se ha disparado.

Para la policía esta claro es un suicidio y el cadáver se lo llevan rápidamente.

Ana aún no puede volver a casa porque no puede cambiar su vuelo. Toma la decisión de quedarse el resto de sus vacaciones en el piso.

Pero nada es como era. Anna no puede dormir por la noche. Para poder dormir por una vez, Ana fuma un porro antes de irse a la cama.

Una noche se despierta. Ve como una sombra grande se acerca a su cama. Ana no se puede mover ni gritar. La sombra se inclina sobre ella y se acuesta en su cuerpo. Oscuridad.

De repente la luz del sol entra por la ventana. Ana se despierta, se encuentra mal. Se encuentra depresiva. Ha sido solamente una pesadilla? En la mesita al lado de la cama hay algo oscuro. Ana lo agarra. Tiene bastante peso. **Ahora Ana se da cuenta de lo que es**. Es el revolver del hobre Viejo.

AirBnB, the mysterious shadow and a revolver

Anna loves AirBnB, It's already her third time that she spends her holidays in an Airbnb apartment. Anna has rented a large apartment for an entire month, the owner spends most of his time in his room. watching TV. One night as Anna returns home, the television in the owner's room is blasting on high volume.

Anna knocks on the door but nobody answers. She opens the door, enters the room, and screams loudly. Anna stares at the old man who is sitting on the couch. His eyes and mouth are wide open. His head is covered in blood. In his hand he holds a revolver, the man has been shot.

For the police it is a clear suicide and the body is quickly carried away. Anna can't go home, because she can't change her flight and so she decides to stay the rest of her holidays in the apartment. But nothing is as before. Ana cannot sleep at night. To find sleep Anna smokes a joint before going to bed. One night she wakes up, she sees a large shadow approaching her bed. Anna can't move nor scream. The shadow leans over her and lies down on her body.

Darkness. Suddenly, sunlight shines through the window. Anna wakes up and feels bad. She's depressed. Was it a nightmare? At the bedside table she sees something dark. Anna takes it and it feels quite heavy. Now she's recognizing it, it is the old man's revolver.

Resumen

Ana se pasa sus vacaciones en un apartamento de Airbnb. El dueño también vive en el apartamento y se suicida. Ana se queda en el apartamento y suceden cosas extrañas.

Vocabulario

le encanta - the love

vacaciones - vacation / holidays

para todo un mes - for a month

el dueño - the owner / proprietor

un hombre viejo - an old man

la mayoría de su tiempo - most of the time

habitación - room

la juerga - revelry

muy fuerte - very strong

la puerta - the door

esta fijado - It is fixed

ojos están abiertos - his eyes were open

sangre - blood

no puede cambiar su vuelo - cannot change her flight

se despierta - he wakes up

la sombra - shade / shadow

se encuentra mal - it is bad

agarra - to grab

96. Aventuras en la sauna

El señor Schmidt es un **hombre de negocios**. Tiene un local de comidas en una estación de tren, donde vende filetes empanados y patatas fritas.

Tiene muchos **clientes habituales**, a la mayoría de su clientes le gustan sus platos. A menudo, cuando termina de trabajar, va a la sauna y se relaja.

Hace algún tiempo, el señor Schmidt fue de nuevo a la sauna. En realidad, es una de las "áreas de saunas", que se encuentran con frecuencia en las ciudades grandes equipada con varias saunas y piscina. Ese día, la temperatura en la sauna de hierbas aromáticas parecía especialmente alta. El señor Schmidt llevaba ya un tiempo **bañado en sudor** y sentado en el banco de la sauna, cuando se abrió la puerta. Entró un hombre.

El señor Schmidt **lo reconoció** inmediatamente. Era un cliente. Sin embargo, no le caía bien el cliente. Una vez, el cliente le había denunciado porque, según él, su local estaba **sucio**. El otro hombre también reconoció al señor Schmidt. El hombre sonrió: "Buenas tardes, señor Schmidt, ¿cómo está usted?"

"Todo bien, gracias", dijo el señor Schmidt. "Sudar limpia el cuerpo", dijo el hombre.

El señor Schmidt tuvo ya suficiente por un día y salió de la sauna. Se dirigió a la ducha. Esta vez, el señor Schmidt se dio una larga ducha, estaba **enojado** con el hombre. Después de la ducha, el señor Schmidt fue al **vestidor**, una habitación grande con muchos armarios. En un gancho colgaban las toallas. El señor Schmidt se secó. La toalla estaba mojada, pero se sentía ya mejor. **Poco a poco**, el señor Schmidt salió de la sauna. Fuera de la puerta estaba el cliente, a quien había reconocido en la sauna.

El hombre miró al señor Schmidt y sonrió: “Lo siento, señor Schmidt, pero ha utilizado usted mi toalla y se la lleva!”

El señor Smith **sacudió la cabeza**. “No, no lo creo”.

“Por favor, busque en su bolsa”, dijo el hombre. El señor Schmidt abrió la bolsa y sacó la toalla. El otro hombre seguía sonriendo. “Mire aquí, **en la esquina** de la toalla hay unas letras escritas en negro”.

“¿A. H.?” preguntó el señor Schmidt. “Ese soy

yo", dijo el hombre.

El señor Schmidt devolvió al hombre su toalla. No volvió nunca a una sauna.

Adventures in the spa

Mr. Schmidt is a business man. He owns a small restaurant at a railway station and sells fish and chips there.

He has many regular customers because most of the customers like his dishes.

In the after-work hours he frequently goes to a spa to calm down and relax.

Some time ago Mr. Schmidt went again to the sauna. Actually it is sauna area, furnished with several saunas and a swimming pool which can be found in most of the major cities. That day the temperature of the herbal sauna seemed to be especially high. Mr. Schmidt had already been seating and sweating on the sauna bench, when the door opened.

A man came in. Mr. Schmidt recognized him immediately. It was a customer.

However, he didn't like this customer. Once the customer had denounced him because he thought that the restaurant was dirty.

The other man also recognized Mr. Schmidt.

The man smiled: "Good evening, Mr. Schmidt how are you?"

"Everything is well, thank you." answered Mr. Schmidt.

"Sweating cleans the body." said the man.

Mr. Schmidt had enough for the day and left the sauna.

He went for a shower. This time Mr. Schmidt took a long shower, because he had gotten annoyed by the man.

After the shower Mr. Schmidt went into the changing room, a big room with many lockers. The towels were hanging on a hook. Mr. Smith toweled himself, the towel was wet but he felt better now.

Mr. Smith left slowly the sauna area.

The client, he met in the sauna, was standing outside at the door.

The man looked at Mr. Schmidt and smiled:

"Excuse me, Mr. Schmidt, but you have used and taken my towel!"

Mr. Schmidt shook his head. "No, I don't think so."

"Please have a look at your bag." said the man.

Mr. Schmidt opened his bag and pulled the towel out.

The other man still smiled. "Look here, in the corner of the towel I have written some letters with a black pen.

"A.H." asked Mr. Schmidt.

"That's me." said the man.

Mr. Schmidt gave the towel back to the man. He never returned to the sauna.

Resumen

El señor Smith visitó una sauna y se encontró con un cliente. Al señor Smith no le cae bien el cliente porque le ha denunciado anteriormente. Sin darse cuenta, el señor Smith se seca con la toalla del cliente y se la lleva.

Vocabulario

el hombre de negocios - the business man

parroquianos / clientes habituales - regular customers

hace algún tiempo - some time ago

lo reconoció - he recognized

sucio - dirty

enojado angry / mad

vestidor - dressing room

poco a poco - step by step

sacudió la cabeza - he shook his head

en la esquina - in the corner

97. Una familia religiosa

En una pequeña ciudad situada en el sur de España vive una familia Alemana. Ingo tiene doce años y Estefani un año menos. A los dos hermanos les encanta **jugar juegos** en la red así como el mundo de los videojuegos.

Ambos padres son pedagogos. El padre trabaja en un hospital internacional privado y La madre de la familia es propietaria de una pequeña clínica psiquiátrica que cuenta con varios turistas entre sus clientes

Es **tiempo de navidad** y desde las tiendas y los supermercados resuenan canciones navideñas. Pero a los dos hermanos no les apetece nada que llegue la Navidad porque durante los últimos años siempre cuando vino la familia alemana hubo discusiones.

Ingo y Estefani **averiguaron** que sus padres este año tenían **el propósito** de asistir a la misa de Nochebuena. Una situación nada habitual porque sus padres no suelen ir nunca a la iglesia aparte de navidad.

La madre opina que en una ciudad pequeña como en la que viven ellos hay **muchos rumores** y es habitual que vayas a misa. Sobre todo si vives en el extranjero y en ese país suele ser así. Además **atestiguas** de ésta forma que eres un buen elemento.

Nochebuena los hermanos prefieren quedarse en casa. Ingo quiere participar en un juego en directo a través de internet, **mientras** que Estefani tiene compromisos en Facebook.

De repente se arma un escándalo. Los padres acusan a sus hijos de tener **falta de educación** y se meten en una discusión con ellos porque otra vez están ocupados con asuntos de las redes sociales. Un rato después de la discusión los padres **se retiran para aconsejarse**. ¿Que deberían hacer? Finalmente la madre tiene una idea luminosa. Los padres han decidido de reunirse con otros psiquiatras en la clínica. Así pueden intercambiar varios **puntos de vista** con compañeros de trabajo. Los padres hacen unas cuantas llamadas y quedan por la tarde con un grupo pequeño de pedagogos y psiquiatras para **intercambiar opiniones.** Terminada la cita los padres regresan a casa y les cuentan todo a sus hijos. Ingo y Estefani **están muy sorprendidos** cuando se enteran de que no tendrán que ir a la iglesia y asistir en la misa de Nochebuena. Estefani quiere saber porque sus padres de repente cambiaron de opinión.

La madre responde y les cuenta de la cita con los compañeros. También les cuenta de que les analizaron y resultó de que ellos dos solo están un poco enfermos, y eso es porque sus propios padres son muy poco **creyentes** y después de todo se sabe que religión es una especie de enfermedad cerebral.

A religious family

In a small city in southern Spain lives a German family. ingo is twelve years old, Estefani one year younger. They are both intelligent children and also very modern.

They love to play on the internet and are passionate video gamers. Their parents are both educationists, their father works in the hospital and the mother is independent and has a small psychiatric office. It is Christmas time and Christmas songs are blasting out of the shops and supermarkets.

Although the siblings are conservatively educated they don't feel like Christmas.

In the last years, when distant relatives visited them, there were a lot of arguments. Last weekend, on a Catholic holiday a colleague of their father came for a visit. Anyway, a dispute started. Seemingly it was about church or religion.

The siblings found out that their parents had the intention to go to the Christmas service in the church. An unfamiliar situation because usually the parents never go to church, except of Christmas though.

However, their mother's opinion is that in a little town there is a lot of tattling and it would be better to adapt and to show up for Christmas at church. Also, it confesses be a good person. Estefani and Ingo disagree.

At Christmas the siblings want to stay at home. Ingo preferably wants to participate at a live game on the internet and Estefani has got some duties to *do on Facebook. A dispute arise, the parents blame the children to be badly educated and not to have any manners. After the discussion the parents are counselling. What shall they do? The mother has an idea. Why shouldn't they meet other psychiatrists at the office and talk about that with some colleagues?*

The parents make phone calls and in the evening a small group of pedagogues and psychiatrists meet for an exchange of views at the office. Ingo and Estefani are surprised, as their parents return from the meeting and explain that they don't have to go to church at Christmas.

Estefani wants to know why the parents have changed their mind. The mother answers that the colleagues had analyzed them and it turned out that both parents were a little sick, because they are just a little religious and religion after all is a type of brain disease

Resumen

Los padres son psicólogos. Los hijos no quieren acudir a misa por Navidad. Los padres y los hijos discuten a menudo. Los padres se reúnen con otros psiquiatras y descubren que ambos no son creyentes. Los hijos finalmente deben quedarse en casa.

Vocabulario

jugar juegos- playing games

la dueña- the owner

tiempo de navidad - playing games

averiguar mientras - while / in the meantime

el propósito - preposition

muchos rumores - many rumors

Nochebuena - Holy night

falta de - lack of

se retiran para - they come together for

intercambiar opiniones - exchanging views / opinions

están muy sorprendidos - they are very surprised

creyentes - believers

98. crowdfunding para una nueva cocina

Melinda había planeado **desde hace años** la compra de una cocina nueva. Pero el problema era, que aún vivía con sus padres, para ser exactos, en el ático. Ahí tenía un **rincón cocina** como en un hotel, que estaba equipado con un microondas y una cafetera. Melinda siempre le había gustado zarcear en libros de cocina, y se h a b í a **descargado** cientos de recetas y francamente era una cocinera buena. A los padres las cocinas modernas no les interesaba mucho.

Ya que Melinda estaba a los principios de los 30, su familia esperaba que por fin encontrara una novio, **se case** y funda un hogar.

Solo había un problema para Melinda. No tenía trabajo y como en cualquier sitio**, el paro** complica la vida.

Trabajo o no, quería una cocina nueva. Ya había

ahorrado seiscientos euros. A la vuelta de la esquina había una **tienda grande de bricolaje** que los lunes siempre tenía ofertas para cocinas. Pero en España tiendas de bricolaje también son sitios donde se encuentra vecinos y amigos. El lunes por la mañana Melinda estaba delante de l a **entrada principal** y esperaba. Después de solo 20 minutos llegó una vecina. Melinda no vaciló. Dijo a la señora mayor que tenía que comprar necesariamente una **olla exprés** y que le faltaban solamente treinta euros para la olla. Después de **una conversación breve** la señora le dio el dinero. Melinda siguió encontrándose con media docena de **vecinos y conocidos** y al medio día tenía el dinero para su cocina nueva.

Crowdfunding for a new kitchen

For years Melinda had been planning to acquire a new kitchen. The problem was that she was still living with her, and to be precise in the attic. There was a little kitchenette, like in a hotel, equipped with a micro- wave oven and a coffee machine. Melinda had always loved to rummage in cookbooks and had already downloaded hundreds of recipes and to be honest, she was a good cook. Her parents weren't interested in modern kitchens. However, why? They always ate American plain meals that usually consisted of fries, beans, sausages and coarse ingredients.

Because Melinda was already thirty years old, her family did expect that she finally found a partner, married and founded a family. But there was a problem for Melinda. She didn't have work and unemployment makes life difficult, as everywhere. With work or without – she needed that kitchen. She had saved six hundred euros. Around the corner was a huge home center which always had discounts for kitchens on Mondays. But that wasn' all. Home centers, just like supermarkets can be places where you can often meet neighbours and friends. Monday morning Melinda stood in front o the main entrance and waited.

Indeed, after twenty minutes the first neighbor came. Melinda didn't hesitate.

She told the old woman that she urgently needed t buy a pressure cooker because the old one was broken and she needed thirty euros for a new pot. After a short conversation the woman gave her the money. It perfectly worked; Melinda met half a dozen neighbours and acquaintances and at noon she had enough money for the new kitchen.

Resumen

Melinda viva en casa de sus padres en el ático y necesita una cocina nueva. Estando sin trabajo no tiene el dinero para comprarla. Se va a la tienda de bricolaje y le cuenta a gente desconocida que necesita una olla exprés y que le falta un poco de dinero. Mucha gente le regala dinero.

Vocabulario

desde hace anos - for years

rincón - corner

cocina descargado- cabinet kitchen

se case - getting married

paro - unemployed

tienda grande de bricolaje - home center

entrada principal - main entrance

olla exprés - pressure cooker

una conversación breve - a short conversation

vecinos y conocidos - neighbors and acquaintances

99. Cómo encontrar un multimillonario en un viaje de crucero

Mi nombre es Alice y mañana por fin ha llegado e momento. Hacer las maletas no es ningún **juego d niños** y aunque me estoy preparando ya desde semanas, me estoy **perdiendo la cabeza.** Tengo que saber lo que me llevo y lo que dejo en casa. Acabo de leer que no se puede traer botellas. El crucero **desembarca** en Miami.

Mi crucero empieza mañana por la noche.

La idea de irme a un crucero en mis **vacaciones,** me vino recientemente cuando me encontré con m vieja amiga Conny. Ya lo había **difundido** por Facebook,

que por fin había encontrado su

hombre ideal. Diez años de citas en línea y mi

amiga de **peso excesivo** por fin había encontrado un novio. Y tiene que ser un **tío rico**, ya que ahora se lo que cuesta un crucero.

Más de cinco mil dólares ha costado el viaje, pero supongo que el viaje de Conny tiene que haber sido aún mas caro . **Mis pensamientos** se mueven entre hacer la maleta, hombres elegantes, cócteles y artículos de higiene. Los últimos se debería tener abundantemente.

Menos mal que tampones y champús no pesan casi nada. Oigo el timbre de la puerta. Quien podría ser?

"Hola Conny! **Que sorpresa!**"

"Hola, solo quería darte recuerdos antes que te vayas a tu crucero mañana. Quiero presentarte a mi novio. Este es Bobi de Manila"

“**Encantada**”

“Hola!”

“Habla ingles?

Bastante bien. Es que también ha trabajado en el crucero donde le conocí.

Ahí trabajaba de **camarero.** Es un hombre bastante calificado!”

How to find a millionaire on a cruise trip

My name is Alice and it all begins tomorrow. Packing the luggage is no cakewalk and although I've been preparing for weeks, I have currently problems to keep a clear head. I need to know what I can take with me and what I have to leave at home. I have just read that I must not take any bottles or groceries.

The cruise embarks in Miami. My cruise ship vacation will begin tomorrow evening.

It's an enormous vessel with several swimming pools and many restaurants. The idea to book a cruise ship vacation came to my mind when I recently met an old friend. She had already spread the news on Facebook that she had finally found her dream man.

Life can be beautiful! After ten years of online dating my overweight female friend has finally found a boyfriend. He must be a rich guy, since now I know how much such a cruise trip costs. My trip had cost over five thousand Euros, but my friend's voyage must have been even more expensive. My thoughts are wandering between packing and posh guys, cocktails and toiletries. It's better to have plenty of them.

Tampons and shampoos fortunately don't weigh a lot. I hear the doorbell ringing. Who might that be? I have no time!

"Hello, Andrea! What a surprise!"

"Hello Alice, I just wanted to say a last time hello before you start your cruise trip tomorrow. May I

introduce you to my fiancé. This is Bobo from Manila."

"I'm pleased to meet you"

"Hi!"

"Does he speak English as well?"

"He speaks English very well. After all he had worked on the cruise ship where I met him. He was a waiter there. He is a very capable man!"

Resumen

Alice está planeando un crucero. Espera conocer un hombre ahí. Su amiga también estuvo en un crucero y conoció a su novio, un camarero.

Vocabulario

juego de niños - child's game

perdiendo la cabeza - losing my mind

peso excesivo- overweight

tio rico - rich man / person

Mis pensamientos - my thoughts

que sorpresa - what a surprise

encantada - my pleasure / it's a pleasure

camarero - waiter / waitress

100. Una visita de América

Berta y Willi son **jubilados** que originalmente son de Hamburgo en Alemania, pero la mayoría del tiempo lo pasan en Bavaria, un estado federado en el sur de Alemania. Hace un par de años se habían comprado una **casa rural** en un pueblo.

La pareja de ancianos ha vivido modestamente. Willi fue conductor de autobús y su mujer, Berta, trabajaba en un supermercado.

Los dos no son cultos pero son felices, porque están sanos y se pueden permitir un casa bonita en Bavaria. Una tarde toca la puerta.

Willi abre la puerta y se presenta un hombre con dos niños. **Personas desconocidas**.

"Buenos días, como les puedo ayudar", pregunta Willi.

El hombre le habla en un idioma que no lo entiende. Willi llama a su mujer. **Berta saluda a la gente**, que están hablando todos a la vez, alegres y con entusiasmo, sin que **Berta ni Willi entendiesen una palabra**.

"Pienso que están hablando ingles", dice Berta a Willi.

Los niños desconocidos asienten con la cabeza. Están a punto de ponerse a dar gritos de alegría. De repente el hombre desconocido saca una foto vieja en blanco y negra de su bolsillo. Lo enseña a Willi y Berta. Willi **se pone las gafas** y cabecea amablemente.

La familia desconocida **alboroza** y los niños abrazan a Willi.

Sin vacilar, la familia desconocido entra a la casa. **Hablan en voz alta** en su idioma y parece que se estén alegrando muchísimo.

El hombre señala a un reloj de cuclillo y después con un dedo a su pecho.

Berta **sonrió:** "También tendrá uno así."

Los niños se van a la cocina y abren la nevera. Berta y Willi les siguen.

"Tenéis hambre" pregunta Berta. "Hoy tenemos chucrut con salchichas, os caliento la comida."

Los niños abrazan a Berta , el hombre desconocido le da la mano a Willi. En la mesa se

está comiendo, riendo y de repente Willi entiende algunas palabras de los extranjeros.
América, Abuelo! Willi y Berta cabecean amablemente y todos hablan a un tiempo. De repente la familia extranjera **se levanta** y abrazan a Berta y Willi. El hombre extranjero le da la foto vieja cuando se despiden. Willi cabecea amablemente. Y ya se fue la familia. Willi mira otra vez la foto vieja, **sacude la cabeza** y dice a Berta: “Esto debe de ser el dueño anterior cuando era joven.”
“Si, porque quién era esta gente”, dice Berta.

A visit from America

Berta and Willi are pensioners, they are from Hamburg but spend most of their time in Bavaria, a state in southern Germany. Many years ago they had bought a country house in a village.

The couple comes from modest families. Willi had worked as a bus driver and his wife Berta used to work in a supermarket.

One afternoon the doorbell rings.

Willi opens the door and in front of him stands a man with two children. Strangers.

" Yes?"

The man responds in a language he doesn't understand. Willi calls his wife. Berta greets the people who keep talking enthusiastically, but Berta and Willi don't understand a word.

“I think they speak English", says Berta.

The children are shaking their heads but seem somehow encouraged to keep talking.

Suddenly, the man puts his hand in his pocket and takes a black and white picture out. He shows it to

Berta and Willi. Willi puts his glasses on and nods kindly.

The family gets excited and the children embrace Willi.

They are talking in their own language and seem to be very happy. The man points at the cuckoo clock and then he points with a finger at his chest.

Berta smiles. "He seems to own one of these"."

The children go into the kitchen and open the fridge.

Berta and Willi are following them.

"Are you hungry", asks Berta.

"Today we have sauerkraut with sausages. I'll warm it up for you".

The children are kissing Berta and the strange man shakes Willi's hand. At dinner they ate and laughed, and suddenly, Willi understood a few words from the strangers.

" America, grandfather"". Willi and Berta agree, but the foreigners all speak at once.

Suddenly, the family gets up and kiss Berta and Willi good bye. As they leave the strange man give a photograph to Willi.

Willi nods kindly. The family finally leaves. Willi looks at the old photo again." It must have been the former owner when he was young".

" Yes, but who were these people?"

Resumen

Willi y su mujer Berta son jubilados que viven en una casa rural. Reciben visita de una familia extranjera que no habla alemán. Los extranjeros se alegran mucho y desaparecen después de la comida. Los jubilados no saben quien eran los extranjeros.

Vocabulario

jubilados - pensioners, retirees

ellos no entendiesen una palabra - they don't understand a word

casa rural- country house

conductor - driver

personas desconocidas - unknown people

estén dando gritos de júbilo - they are screaming in excitement

ella sonrió- she smiled

alborozaræ- cheerfulness

hablan en voz alta- speaking in a loud voice

Los niños abrazan a Berta - the children hug Berta

sacude la cabeza- shaking his head

se levanta - they get up

DOWNLOAD AUDIO

Please type the following URL into your browser:

https://goo.gl/aa5qrk

www.ingramcontent.com/pod-product-compliance
Lightning Source LLC
Chambersburg PA
CBHW071455110726
47908CB00003B/616

* 9 7 8 1 7 3 2 4 3 8 1 2 5 *